Sistemas de almacenamiento

Diego Cebrián Marín

Sistemas de almacenamiento
© Diego Cebrián Marín

1ª Edición

© IC Editorial, 2025

Editado por: IC Editorial
c/ Cueva de Viera, 2, Local 3
Centro Negocios CADI
29200 Antequera (Málaga)
Teléfono: 952 70 60 04
Fax: 952 84 55 03
Correo electrónico: iceditorial@iceditorial.com
Internet: www.iceditorial.com

ISBN: 978-84-1184-691-2
Depósito Legal: MA-497-2025

Impresión: PODiPrint
Impreso en Andalucía – España

Nota de la editorial: IC Editorial pertenece a Innovación y Cualificación S. L.

Presentación del manual

El **Certificado de Profesionalidad** es el instrumento de acreditación, en el ámbito de la Administración laboral, de las cualificaciones profesionales del Catálogo Nacional de Cualificaciones Profesionales adquiridas a través de procesos formativos o del proceso de reconocimiento de la experiencia laboral y de vías no formales de formación.

El elemento mínimo acreditable es la **Unidad de Competencia.** La suma de las acreditaciones de las unidades de competencia conforma la acreditación de la competencia general.

Una **Unidad de Competencia** se define como una agrupación de tareas productivas específica que realiza el profesional. Las diferentes unidades de competencia de un certificado de profesionalidad conforman la **Competencia General,** definiendo el conjunto de conocimientos y capacidades que permiten el ejercicio de una actividad profesional determinada.

Cada **Unidad de Competencia** lleva asociado un **Módulo Formativo,** donde se describe la formación necesaria para adquirir esa **Unidad de Competencia,** pudiendo dividirse en **Unidades Formativas.**

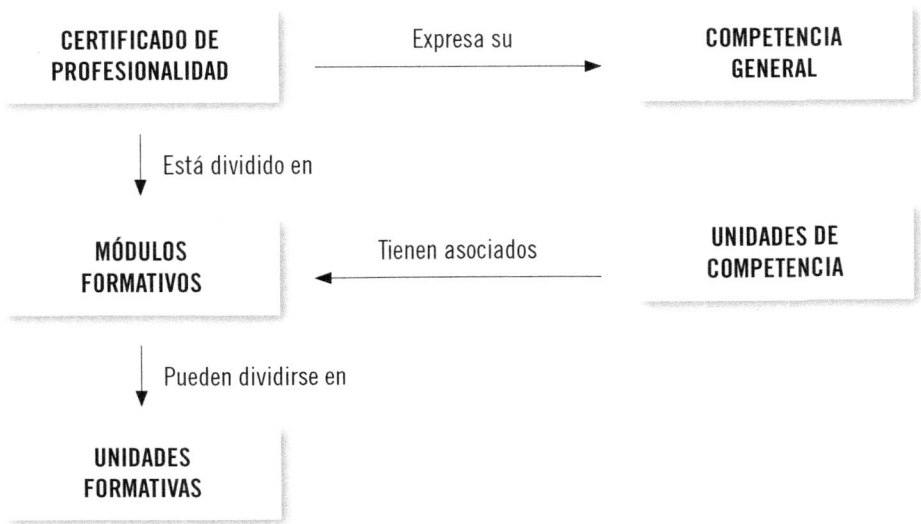

El presente manual desarrolla la Unidad Formativa **UF1466: Sistemas de almacenamiento,**

perteneciente al Módulo Formativo **MF0223_3: Sistemas operativos y aplicaciones informáticas,**

asociado a la unidad de competencia **UC0223_3: Configurar y explotar sistemas informáticos,**

del Certificado de Profesionalidad **Administración de bases de datos.**

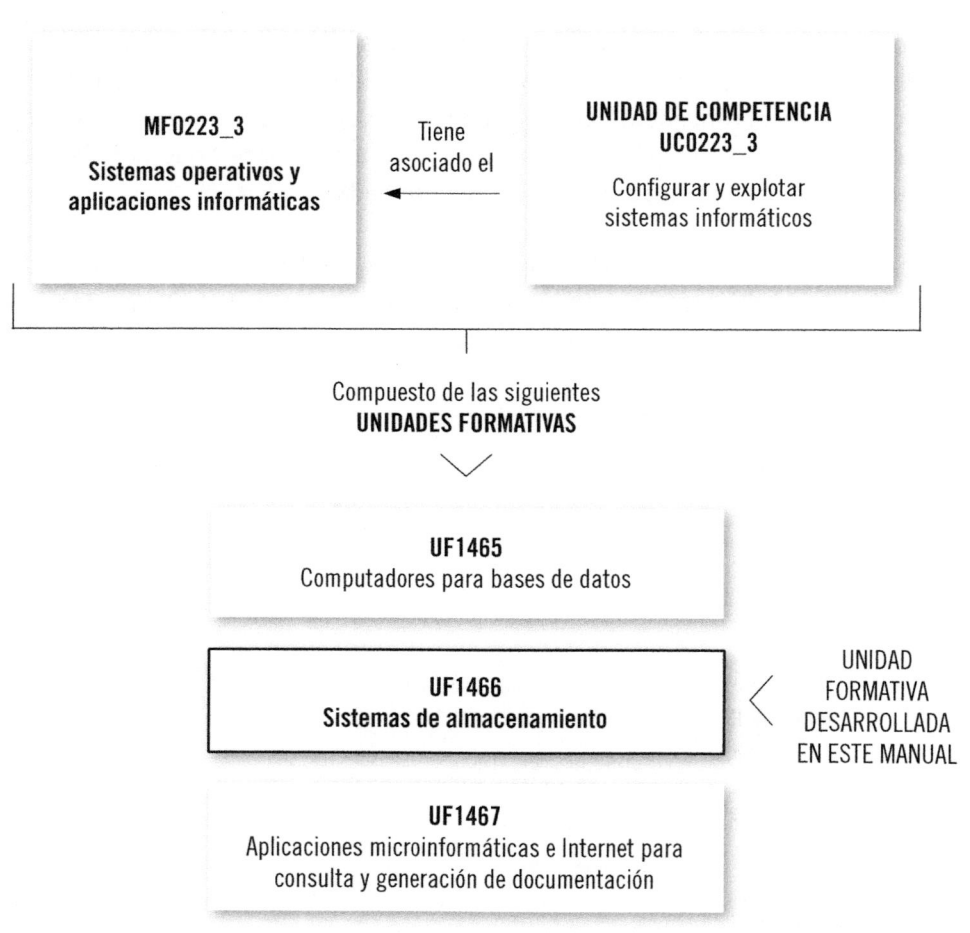

MF0223_3

Sistemas operativos y aplicaciones informáticas

Tiene asociado el

UNIDAD DE COMPETENCIA UC0223_3

Configurar y explotar sistemas informáticos

Compuesto de las siguientes **UNIDADES FORMATIVAS**

UF1465
Computadores para bases de datos

UF1466
Sistemas de almacenamiento

UNIDAD FORMATIVA DESARROLLADA EN ESTE MANUAL

UF1467
Aplicaciones microinformáticas e Internet para consulta y generación de documentación

FICHA DE CERTIFICADO DE PROFESIONALIDAD

(IFCT0310) ADMINISTRACIÓN DE BASES DE DATOS (R. D. 1531/2011, de 31 de octubre modificado por el R. D. 628/2013, de 2 de agosto)

COMPETENCIA GENERAL: Administrar un sistema de bases de datos, interpretando su diseño y estructura, y realizando la adaptación del modelo a los requerimientos del sistema gestor de bases de datos (SGBD), así como la configuración y administración del mismo a nivel físico y lógico, a fin de asegurar la integridad, disponibilidad y confidencialidad de la información almacenada.

Cualificación profesional de referencia		Unidades de competencia	Ocupaciones o puestos de trabajo relacionados:
IFC079_3 ADMINISTRACIÓN DE BASE DE DATOS	UC0223_3	Configurar y explotar sistemas informáticos	• Administrador de bases de datos • Técnico en Data Mining (minería de datos) • Analista orgánico
(R. D. 295/2004, de 20 de febrero y modificaciones R. D. 1087/2005, de 16 de septiembre)	UC0224_3	Configurar y gestionar un sistema gestor de bases de datos	
	UC0225_3	Configurar y gestionar la base de datos	

Correspondencia con el Catálogo Modular de Formación Profesional

Módulos certificado	Unidades formativas	Horas
MF0223_3: Sistemas operativos y aplicaciones informáticas	UF1465: Computadores para bases de datos	60
	UF1466: Sistemas de almacenamiento	70
	UF1467: Aplicaciones microinformáticas e Internet para consulta y generación de documentación	40
MF0224_3: Administración de sistemas gestores de bases de datos	UF1468: Almacenamiento de la información e introducción a los SGBD	50
	UF1469: SGBD e instalación	70
	UF1470: Administración y monitorización de los SGBD	80
MF0225_3: Gestión de bases de datos	UF1471: Bases de datos relacionales y modelado de datos	70
	UF1472: Lenguajes de definición y modificación de datos SQL	60
	UF1473: Salvaguarda y seguridad de los datos	70
MP0313: Módulo de prácticas profesionales no laborales		80

Índice

Capítulo 1
Organización y gestión de la información

Contenido

1. Introducción

Un sistema de información está conformado por personas, datos, actividades que procesan datos, información en la empresa, etc., que incluyen procesos tanto manuales como automatizados.

En un sistema de información se puede englobar un sistema informático, formado por *hardware* y *software* y el personal que da uso de ellos. El *hardware* está compuesto por equipos informáticos como ordenadores, *tablets*, *pdas*, etc., y el *software* está conformado por un sistema operativo y las aplicaciones que son utilizadas por el personal, incluyendo al personal técnico que crea y mantiene el sistema.

Según las características de los equipos y las necesidades, tanto si se va a utilizar el equipo de manera personal como si se monta para una empresa, se instalará un SO y todo lo que conlleva, referente al tipo de sistemas de archivos que incluye y la estructura que se monte alrededor para facilitar y sacar el máximo partido al sistema, tanto en velocidad como en almacenamiento, seguridad, etc.

Hoy en día la información que se almacena en los discos duros, *pendrives* y demás dispositivos de almacenamiento puede ser muy importante, sin olvidarse de la nube, y debe ser tratada con sumo cuidado para no causar pérdidas totales o parciales de los datos que alojan. Para cuidar esa información se debe tener en cuenta desde el tipo de sistemas de archivos a utilizar hasta las políticas de seguridad que se establezcan.

Las empresas tienen muy presente este tipo de acciones, ya que si sufrieran algún tipo de incidente perderían todos los datos tanto de clientes como información interna. Para evitar esto se definen una seria de acciones, como realizar un calendario establecido para las copias de seguridad.

2. Sistemas de archivo

Las unidades de disco rígido o las unidades de estado sólido, por pequeños que sean, están formados por millones de bits. Por esta razón necesitan organizarse para ubicar la información almacenada.

 Importante

Una unidad de disco rígido se conforma de varios discos circulares que giran alrededor de un eje. Las pistas, áreas concéntricas escritas a ambos lados del disco, se dividen en piezas llamadas sectores, los cuales contiene cada uno, a nivel lógico, 512 *bytes*.

Y una unidad de estado sólido se conforma por un conjunto de chips de memoria *flash*, organizados en bloques y páginas. A diferencia de los discos rígidos, no tiene partes móviles, lo que la hace más rápida y resistente a los golpes. La memoria en una unidad de estado sólido se organiza en bloques que se dividen en páginas, siendo las páginas la unidad más pequeña de almacenamiento y usualmente contienen entre 4 KB y 16 KB de datos. Los bloques, a su vez, contienen un número fijo de páginas.

El formateado lógico de un disco permite que se cree un sistema de archivos dentro del mismo disco, que a su vez hará posible que un sistema operativo (*Windows*, *UNIX*, etc.) use el espacio disponible en el disco para almacenar y utilizar los archivos. Dicho sistema de archivos se basa en la administración de sectores o clústeres, la unidad de disco más pequeña que un sistema operativo puede administrar. De manera práctica, el sistema de archivos también será utilizado para acceder a datos que se crean dinámicamente. Estos son datos recibidos a través de una conexión a la red, llamados **sistemas de archivos de red.** Aparte de estos dos tipos, los sistemas de archivos de disco y los sistemas de archivos de red, se puede incluir un tercer tipo, que son los llamados sistemas de archivos de propósito especial, en el cual encajarían los que no son de los dos anteriores.

Antes de poder utilizar correctamente una unidad de disco rígido, una unidad de estado sólido o una partición de disco como un sistema de archivos, habría que iniciarla o darle formato para que las estructuras de datos se escriban en el disco.

El clúster es la unidad de almacenamiento en un disco con determinada cantidad fija de *bytes*. Una unidad de almacenamiento está compuesta de miles de clústeres cuyo tamaño es igual, normalmente de 512 *bytes* y con un máximo de 4096 *bytes*, pero que se puede definir a la hora de dar formato al disco. Cuando el archivo que se almacena en disco es mayor que el tamaño del clúster, este se reparte en distintos clústeres. Si el archivo o la "parte" del archivo es de menor capacidad que el clúster, ese espacio vacío se pierde, no se volverá a usar completamente hasta que el clúster quede vacío. Cuando un archivo se reparte entre varios clústeres, correlativos o no, se dice que ese archivo queda fragmentado. Cuando se lee ese fchero, el cabezal del lector deberá ir de un lado a otro del disco hasta leer el archivo por completo. Para que la lectura sea más rápida, los programas desfragmentadores unen de forma lógica los clústeres del mismo archivo.

2.1. Nomenclatura y codificación

Cuando se almacena algún tipo de archivo, como puede ser una imagen, audio, carpeta, etc., estos conservan sus nombres y características, pero para ser procesados por los distintos sistemas operativos se tienen que acoplar al sistema de archivos instalado en el dispositivo de almacenamiento. Se puede ver más fácil suponiendo que el sistema operativo es un lenguaje y el archivo es una palabra, como por ejemplo "adiós", en cada idioma se escribe de una manera distinta pero significa lo mismo, así se ve que lo único que cambia es la forma de almacenamiento o codificación en los distintos sistemas de archivos.

Por norma general, cada sistema de archivos ha sido diseñado para sacar el máximo rendimiento a un sistema operativo concreto. Cada sistema de archivos posee características únicas, siendo reflejadas en las siglas del nombre de dicho sistema de archivo, que van siendo adaptadas a otros sistemas de archivos y mejoradas en versiones posteriores. Debido a las adaptaciones que se hacen entre sistemas de archivos, es usual que un mismo sistema operativo reconozca varios sistemas de archivos.

Sistema de archivos de *UNIX* y *LINUX*

A continuación, se estudiarán los sistemas de archivos soportados en el sistema operativo *LINUX/UNIX*, diferentes versiones de un mismo sistema de archivos como los EXT y otros sistemas de archivos que son menos usados a nivel usuario.

EXT/EXT2/EXT3

Es el protocolo de *Linux* para almacenar datos. Este sistema de datos es de alto rendimiento y está considerado de los más seguros en *Linux* dada su sencillez y un mayor tiempo de explotación, además de un bajo consumo de CPU. Se usa tanto para discos duros como para almacenamientos extraíbles. Una de sus ventajas es poder actualizar de EXT2 a EXT3 sin perder los datos guardados ni formatear el disco; además, la única diferencia entre EXT2 y EXT3 es que el último incorpora el registro por diario, llamado *journaling*. Tanto *Linux* como *Unix* tienen la virtud de poder detectar casi cualquier sistema de archivos.

El *journaling* es una característica que tienen algunos sistemas de archivos de recordar operaciones parciales en una transacción. Dota de más seguridad e integridad a los datos del disco. Si un ordenador se apaga mal, las transacciones que no se realizaron quedan registradas en el *journal*, así cuando se arranca de nuevo el ordenador las que estaban guardadas se terminan de completar.

EXT4

Este sistema de archivos es una mejora del EXT3, y fue publicado en 2008 con una notable mejoría respecto a su predecesor. EXT4 modifica estructuras de datos del sistema de archivos tales como las destinadas al almacenamiento de los archivos de datos. Soporta volúmenes de hasta 1 Exabyte y archivos con tamaño de hasta 16 TB. Tiene un uso menor de CPU y mejora el proceso de lectura/escritura. Tiene una nueva capacidad que puede llegar a eliminar la fragmentación por completo, reservando un área contigua para un archivo llamada *extends*.

ReiserFs

Este sistema fue el primero que introdujo el *journaling* en el núcleo estándar. Esta característica es la ventaja más evidente con respecto al EXT2. Reduce el riesgo de corrupción del sistema de archivos. La mayor desventaja radica en que los usuarios de EXT2 requieren el formateo completo de sus discos, lo que hace a su competidor EXT3 ganar ventaja.

Este sistema de archivos maneja directorios con una enorme cantidad de archivos de pequeño peso muy eficientemente.

Gráfica que muestra la velocidad de creación de archivos en algunas arquitecturas

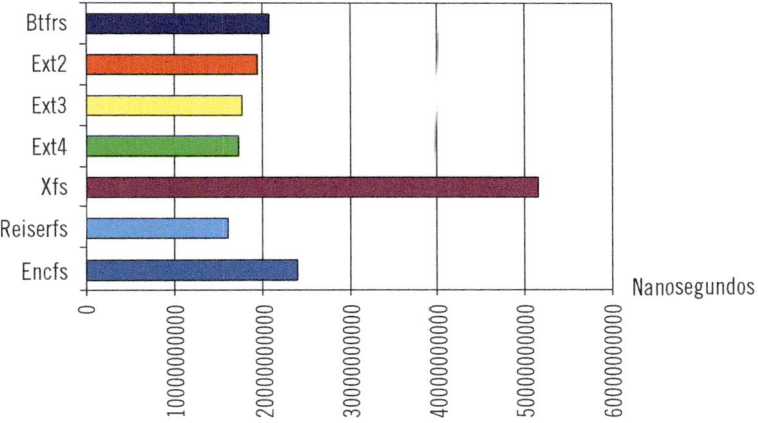

XFS

Este sistema de archivos también dispone de *journaling*. Es un sistema de archivos transaccional donde sus características son robustas y está preparado para ser escalable. Este sistema de archivos está desarrollado para trabajar con archivos de mucho peso, y se recomienda que si los archivos con los que se va a trabajar son de poco peso se utilice reiserFs.

Los sistemas de archivo transaccional escriben en el *journal* los movimientos a realizar en el disco de manera secuencial, antes de ser escritos en el área correspondiente del disco. Hay variantes de estos tipos de sistema de archivos, unos solo escriben apuntes y otros registran toda la información en el *journal*.

Existen sistemas de archivos en los que sería posible aumentar su capacidad de almacenamiento si lo necesitaran. Estos se denominan sistemas de archivos escalables, pudiendo usar el LVM para aumentar la capacidad.

F2FS (Flash-Friendly File System)

F2FS, creado por Samsung en 2012, está optimizado para dispositivos de almacenamiento *flash,* como SSDs y tarjetas SD. Este sistema de archivos mejora la distribución de datos para prolongar la vida útil de la memoria *flash* y gestiona eficientemente los espacios libres. F2FS está diseñado específicamente para aprovechar las características de rendimiento y durabilidad de los dispositivos de almacenamiento *flash* modernos.

APFS (Apple File System)

APFS, desarrollado por Apple Inc. y lanzado en 2017, está optimizado para almacenamiento *flash* y SSDs. Este sistema de archivos incluye funcionalidades como *snapshots* y clonación de archivos, encriptación nativa a nivel de sistema de archivos y alta eficiencia en la gestión de espacio libre. APFS ofrece mejoras significativas en velocidad y seguridad en comparación con sus predecesores, haciéndolo ideal para los dispositivos modernos de Apple.

Sistema de archivos de DOS, Windows 3.11 y Windows 95

A continuación, se verá cuál era el sistema de archivos que se instalaba en el primitivo *DOS* y las primeras versiones de *Windows*, sus principales características y las regiones que lo formaban.

FAT

"File Allocation Table" significa tabla de asignación de archivos. Esta tabla se aloja en el disco duro y contiene un mapa donde está localizado

cada dato almacenado. Cuando se introduce un nuevo dato al disco duro, este es guardado en uno o más clústers, dependiendo del tamaño del fichero. Con la aparición de las primeras versiones de *Windows 95* podían llegar a manejar discos duros de un máximo de 2 GB distribuidos en 4 X 512 *bytes*. Las memorias USB utilizaban este sistema de archivos, y hoy en día usan por defecto FAT32. Este sistema de archivos tiene algunas desventajas, como una gran desfragmentación de datos; suele dejar fragmentos dispersos en toda la unidad de almacenamiento complicando así el proceso de lectura y escritura y haciéndose cada vez más lento. Otro punto negativo es que no tiene permisos de seguridad para cada archivo, esto deja al descubierto dichos archivos y cualquier usuario puede acceder.

 Nota

La primera versión de *Windows* en 1985 se lanzó con retraso, su nombre fue *Windows 1.0* y se pensaba desarrollar en seis meses, pero tardó dos años en salir a la luz.

Los sistemas de archivos FAT están formados por cuatro secciones:

- Sector de arranque.
- Región FAT (contiene la tabla de asignación de archivos).
- Región del directorio raíz.
- Región de datos (contiene el contenido de fichero y datos).

Sistema de archivos de Windows 98 y Windows Millenium

Al evolucionar los sistemas operativos de *Windows,* como *98* o *ME*, también se creó la necesidad de actualizar los sistemas de archivos anteriores para aprovechar las nuevas características de estos sistemas operativos.

FAT32

"*File Allocation Table* 32" significa tabla de localización de archivos de 32 bits. Este sistema de archivos se empezó a usar a partir de la cuarta versión de *Microsoft Windows 95*, OSR2, por tener una mejor manera de almacenar los datos con respecto a FAT16, ya que puede manejar discos duros de hasta 2 TB. En su momento, una ventaja fue que se podían usar particiones de disco de más de 2 GB, con respecto a FAT16. El máximo de capacidad para este sistema es de 2 TB. Otra ventaja es la de tener un tamaño de clúster menor que FAT16, lo que generaba un ahorro de 33 % de espacio en unidad de almacenamiento. Las desventajas de este sistema de archivos son que no se puede asignar permisos para cada archivo, solo a carpetas, y que no tiene cifrado de archivos como sí tiene NTFS. El tamaño máximo de archivo en FAT32 es de 4 GB. Se utiliza principalmente con *Windows 98* y *Windows ME*; estos sistemas operativos reconocen el sistema de archivos FAT, FAT32, el CDFS utilizado en CD-ROM y el UDF utilizado en DVD-ROM. Las memorias USB actuales utilizan este sistema de archivos por defecto.

Sistema de archivos de Windows XP a Windows 11

A continuación, se verán los sistemas de archivos más actuales y eficientes para los sistemas operativos de Windows, incluyendo el novedoso sistema ReFS, solo instalable para *Windows 8*, introducido finalmente en *Windows Server 2012.*

NTFS

"*New Tecnology File System*" significa sistema de archivos de nueva tecnología. Utilizado en la plataforma *Windows NT*, fue creado para lograr un sistema de archivos eficiente y seguro. A diferencia de FAT32, permite acceso a archivos y carpetas por medio de permisos y se puede usar la encriptación. Este sistema no es compatible con *Linux, DOS, Windows 95* y *Windows 98*, tiene formato de compresión nativa y no se recomienda para sistemas con menos de 400 MB de capacidad; también permite definir el tamaño de clúster de forma independiente al de la partición. Tiene la ventaja de tener una mejor seguridad junto a una menor fragmentación, mejor rendimiento y estabilidad, incluir el *journaling* y garantizar la integridad del sistema de ficheros. Por otra parte, las desventajas son la gran cantidad de espacio en disco que usa para sí mismo y la conversión unidireccional, pues no podría convertirse en FAT al actualizar la unidad. Este sistema se utiliza para sistemas operativos como *Windows XP y Windows 11*. Dichos sistemas reconocen sistemas de archivos FAT, FAT32, NTFS, CDFS utilizado en CD-ROM, UDF usado en DVD-ROM y LFS para discos sin registro de arranque maestro.

Actividades

1. Señale qué tipo de sistema de archivos tienen las memorias USB.
2. Averigüe en qué consiste el *journaling* y qué sistemas de archivos trabajan con este.

Recuerde

En *Windows 8* se introdujo por primera vez el sistema de archivos ReFS, pero en su versión *Windows Server 8*. Es un sistema de archivos para actualizar NTFS. La ventaja es que ReFS tiene una mejor tolerancia a errores, evitando así pérdidas de datos en caídas del disco, caídas de la red eléctrica y, además, manteniendo la compatibilidad con servicios sobre NTFS.

2.2. Jerarquías de almacenamiento

Para los sistemas operativos *Linux* y *Unix* existe un estándar llamado FHS, *Filesystem Hierarchy Standar*, que establece cómo debería ser la jerarquía del sistema de archivos. Define los nombres, ubicación y permisos de los tipos de archivos y directorios. Se diseñó en 1994 para conseguir estandarizar el sistema de archivos de *Linux*, basándose en los directorios de *Unix*.

A continuación, se verán los directorios de los sistemas operativos basados en *UNIX/LINUX*:

- **/.** Es el contenedor de todo el sistema de jerarquía.
- **/bin/.** Archivos ejecutables esenciales para todos los usuarios. Contiene archivos binarios primordiales para el sistema, y podrían ser utilizados tanto por el usuario como por el administrador del sistema.
- **/boot/.** Archivos compilados del *kernel*. Esta carpeta o directorio contiene lo necesario para arrancar el sistema, excepto archivos de configuración y el sistema map.
- **/dev/.** Archivos de dispositivo. Contiene un archivo por cada dispositivo que el *kernel* puede soportar. *Linux* trata a todos los dispositivos como si fueran archivos.
- **/etc/.** Archivos de configuración del sistema. Contiene los archivos de configuración que son locales al ordenador donde se ejecuta *Linux*, esto es imprescindible a la hora de hacer las copias de seguridad.

  - **/etc/opt/.** Archivos de configuración para programas alojados en /opt.
  - **/etc/X11/.** Archivos de configuración para el *X Window System*, en su versión 11.
  - **/etc/sgml/.** Archivos de configuración para SGML.
  - **/etc/xml/.** Archivos de configuración para XML.

- **/home/.** Contiene directorios de trabajo de todos los usuarios excepto del root.
- **/lib/. Librerías y modules del *kernel*.** Contiene las librerías necesarias para arrancar el sistema.
- **/mnt/.** Directorios donde "monta" los dispositivos temporalmente.

  - **/mnt/cdrom/.** Directorio donde se "monta" el CD-ROM.
  - **/mnt/floppy/.** Directorio donde se "monta" el disquete.

- **/opt/.** Contiene aplicaciones de tamaño considerable que no tienen nada que ver con el funcionamiento del sistema.
- **/proc/.** Archivos de texto sobre los procesos abiertos, memoria y el *kernel*.
- **/root/.** Directorio del usuario (root) principal del sistema.

- **/sbin/.** Archivos ejecutables para tareas de administración. Con los archivos que se encuentran en /bin, este contiene los binarios esenciales para arrancar el sistema.
- **/tmp/.** Archivos temporales del sistema. El contenido de este directorio suele ser borrado en cada arranque o en intervalos frecuentes.
- **/srv/.** Datos utilizados por los servidores en el sistema.
- **/usr/.** Contiene programas, documentación, etc., compartidos por todo el sistema. Es el directorio principal de las aplicaciones. Este directorio dispone de su propia jerarquía.
- **/var/.** Ubicación de los directorios del sistema cuyos archivos están cambiando constantemente, como registros, archivos de bloqueo, etc.
- **/media/.** Directorio donde se montan unidades como DVD, pen drives, etc.

Gráfica de jerarquía de archivos

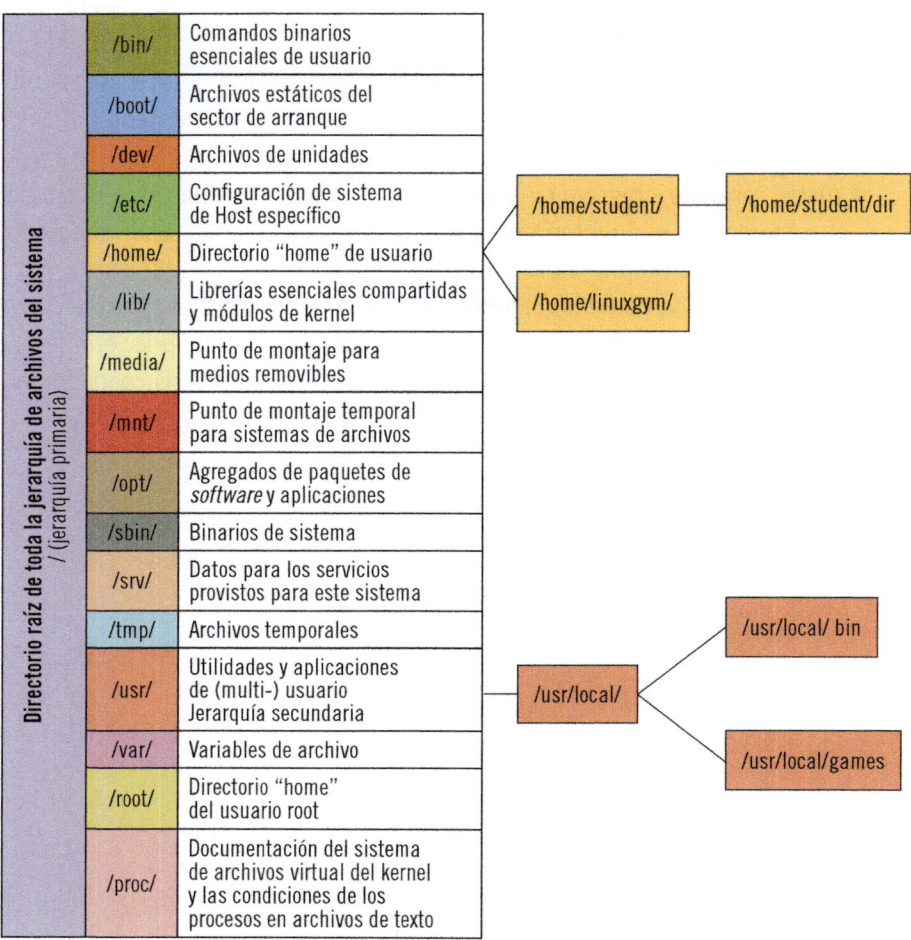

Actividades

3. A través de una búsqueda en Internet, encuentre información sobre FHS, *Filesystem Hierarchy Standar.*
4. Señale qué directorio de *UNIX/LINUX* contiene a los dispositivos soportados por el kernel; cuál es el directorio de *UNIX/LINUX* que contiene documentación, aplicaciones, etc., compartidas por todo el sistema; y en qué directorio de *UNIX/LINUX* se alojan los archivos de configuración de sistema.

Recuerde

Kernel es un *software* que forma parte fundamental del sistema operativo, se ocupa de gestionar los recursos de memoria y habilitar acceso a los sistemas de archivos a través de llamadas al sistema. Se encarga de decidir qué programa hará uso de un dispositivo *hardware* y durante cuánto tiempo. Esto se denomina multiplexado.

2.3. Migraciones y archivado de datos

La migración de datos es el proceso de trasladar datos desde sistemas existentes a otros nuevos. Este proceso contempla los pasos de limpiar, corregir y mover datos al nuevo sistema.

Cuando se cambia de base de datos, aplicaciones o al cambiar de sistema operativo, se tiene que conseguir que los datos antiguos funcionen en el nuevo entorno. Se necesita transformar los datos a un formato conveniente para el nuevo entorno y preservar la información del viejo. Este proceso de migración se trata de una tarea delicada y es recomendable realizarlo primero en un entorno de pruebas. Una vez que se está seguro de haberse realizado correctamente se puede pasar a realizar la migración en el entorno real.

La migración de datos se puede dar por diversas circunstancias, como migrar por necesidad una base de datos, nueva versión del sistema, etc. Las ventajas de migrar se dan para aprovechar nuevas tecnologías, disminuir altos costes de licencias, disminuir costes de mantenimiento y actualización, etc. La desventaja de las migraciones puede ser el continuo proceso de migración, ya que se debe realizar esta una vez que los medios que se usan quedan obsoletos; también hay que tener medios extras para el almacenaje de datos, el archivado.

Por ejemplo, al migrar una base de datos de un tipo a otro, los datos alojados se deben convertir al formato de la base de datos nueva. Es posible que al realizar el proceso de migración se deban crear nuevas tablas o modificar las existentes al cambiar el formato.

Existen varias técnicas o pasos a seguir en el proceso de migración de datos:

- Mapear tipos de datos. Al no soportar algunos tipos de datos algunas plataformas de bases de datos puede ser necesario mapear los campos en la base de datos a la que se migra.
- Planificar y analizar el proceso de migración es lo más importante. Este proceso es más tedioso y largo, pero a la larga se tendrá un sistema totalmente correcto y sin errores. Este proceso debe aplicarse mientras se está creando la base de datos, para así controlar todos los parámetros. No es válido una vez creada.
- Se debe controlar por medio de un contador de registros, aquellos que han sido migrados con éxito y los que no.
- Para evitar errores o pérdidas de datos, la codificación de la base de datos de destino es importante ya que, si no coincide con la de origen, fallará.

 Nota

Es recomendable realizar la migración de datos primero en un entorno de pruebas, ya que este proceso es muy delicado.

El archivado de datos consiste en archivar, eliminar datos o almacenar los datos en segundos medios, datos históricos transaccionales del sistema que tienen poco/mucho uso, con el fin de hacer la base de datos más manejable o reducirla cuando su tamaño es demasiado grande. Con el archivado, las empresas buscan un mejor crecimiento sostenible, reducir el tamaño de la estructura de datos de consulta.

Algunas plataformas no soportan algunos tipos de datos, por eso es necesario planificar el mapeo de los campos de la nueva base de datos, si se diera el caso. La migración se realiza mediante un conjunto de programas a medida y scripts, que automáticamente llevan a cabo la transferencia de los datos.

Los datos almacenados son el activo más valioso para una empresa, incluso a nivel usuario, por ello cualquier manipulación debe ser realizada sin interrupciones. Las migraciones deben ser cuidadosamente planificadas, y hay que comprobar los métodos y herramientas a utilizar, que toman los datos existentes, convirtiendo este complicado proceso en una gestión que minimice los riesgos.

Migrar da la oportunidad de diseñar una nueva arquitectura que permita el crecimiento y una operatividad eficaz. También facilitará la implantación de copias de seguridad y restauración, que ofrezcan una mejor recuperación en caso de un error fatal, la automatización de procesos que tal vez con el antiguo entorno se haría de manera manual y reorganizar las bases de datos para reducir la fragmentación del disco y así mejorar el rendimiento del sistema.

 **Recuerde**

Mapear significa, en el más amplio sentido de la palabra, adaptar a las necesidades. Al cambiar de plataforma no todos los datos son válidos, así que a estos no válidos se debe cambiar el "formato" para que sean accesibles en el nuevo sistema.

3. Volúmenes lógicos y físicos

Para entender mejor el funcionamiento de los volúmenes lógicos y físicos hay que conocer algunos conceptos clave:

- **Volumen físico (*Physical Volume*) (PV):** son los dispositivos de almacenamiento, normalmente los discos duros, pero podría ser cualquier dispositivo de bloques. Este dispositivo se habilitará para incluirlo en un Grupo de Volumen. Los PV pueden estar ubicados en una partición, si van a coexistir con sistemas tradicionales, o extenderse por toda una unidad de disco.
- **Volumen lógico (*Logical Volume*) (LV):** es la forma en la que el sistema permite acceder al espacio de almacenamiento. Son visibles a través de los dispositivos de bloques y en ellos es donde se crearán los sistemas de archivos. Los LV son el equivalente a las particiones, con la excepción de que los LV pueden extenderse entre varios PV.
- **Grupos de volumen (*Volume Group*) (VG):** constan de dos factores: por una parte, agrupan colecciones de PV uniendo su capacidad en un único espacio de almacenamiento; por otro lado, indican cómo será repartido el espacio de almacenamiento de los LV.
- **Extensión física (*Physical Extend*) (PE):** los PV se dividen en bloques de datos, los PE. Estas áreas físicas tiene el mismo tamaño dentro del VG al que pertenecen. Por defecto, el tamaño de cada PE es de 4 MB y cada PE tiene un identificador que es único dentro del PV al que pertenece.
- **Extensión lógica (*Logical Extend*) (LE):** es una forma de indicar qué PE forman un LV. Estas se necesitan porque los identificadores de las PE solo son únicos dentro del PV al que pertenecen, pudiendo repetirse en el VG. Las LE sirven para solventar este problema, existiendo un mapeado 1:1 entre un LE y un PR de un PV.

4. Concepto de particionamiento

Particionar en informática quiere decir segmentar un disco rígido para no mezclar datos. Se podría particionar un disco duro para tener más de un sistema operativo que no utilice el mismo sistema de archivos, realizar copias de seguridad en una partición distinta donde está instalado el sistema operativo, etc.

Se pueden distinguir tres tipos de particiones:

- **Partición primaria:** son las particiones principales del disco, se deben formatear en forma lógica y asignarles un sistema de archivos en concordancia con el sistema operativo instalado. Un disco duro puede poseer como máximo cuatro particiones primarias y solo una de estas particiones primarias puede estar activa, que es donde se encuentra el sistema operativo principal.
- **Partición extendida:** solo se puede crear una como máximo y contienen las unidades lógicas que se desean, por tanto no puede contener un sistema de archivos directamente. Estas particiones se crearon para superar el límite de cuatro particiones primarias; al no poder almacenar datos directamente sobre ellas se requiere como mínimo una unidad lógica.
- **Unidades lógicas:** particiones que se pueden crear dentro de una partición extendida. En una partición extendida puede haber un máximo de 23 particiones lógicas. Normalmente es el espacio para los datos, tanto compartidos como exclusivos de sistemas operativos.

 Nota

No puede haber dos sistemas operativos instalados en una misma partición, ya que entrarían en conflicto.

Un disco podría contener hasta cuatro particiones primarias, estas son las que contienen los sistemas operativos, pero solo una podría estar activa o tener tres particiones primarias y una extendida. Las particiones extendidas se pueden subdividir en contenedores adicionales llamados **particiones lógicas.**

Simulación de disco duro particionado

Al particionar un disco, dentro de la tabla de particionamiento se aloja una información referente a las distintas particiones que conforman un disco duro. Esta información indica el tamaño de los sectores, posición respecto a la partición primaria, sistemas operativos instalados, etc., de las particiones

Las ventajas de utilizar las particiones son varias. Se puede tener la información mucho mejor organizada ya que en una partición se puede tener lo que se refiere al sistema operativo, instalación de programas, etc., y en otra partición los datos de usuario, imágenes, música y video, ya que si hubiera que formatear la partición del sistema operativo por cualquier motivo no se perderían todos los archivos personales, además de que hoy en día las capacidades de disco duro son muy grandes y a la hora de formatear el dispositivo por completo se emplearía mucho más tiempo. Al igual que para guardar archivos personales, se podría usar una partición para guardar copias de seguridad.

Otra razón por la que tener particionado el disco duro es poder tener dos sistemas operativos, lo cual resulta muy útil.

 Actividades

5. Señale qué función desempeña el *Volume Group,* Grupo de Volumen.
6. Defina los tipos de particionamiento que existen y qué ventajas aporta tener un disco duro particionado.

En *Linux* se debe tener en cuenta, a la hora de particionar un disco duro, reservar espacio para la memoria virtual o espacio de intercambio, llamada **SWAP.** Este espacio reservado de memoria virtual es utilizado por el disco duro para descargar la memoria RAM, así el sistema copia parte del contenido alojado en la RAM al espacio SWAP para poder seguir realizando otras tareas. La ventaja de utilizar la memoria SWAP es que se dispone de más memoria cuando la RAM es de poca capacidad, pero tiene el inconveniente de que es más lenta y se pierde capacidad del disco duro. Es conveniente asignar el doble de memoria al SWAP de la RAM que se tenga, según las necesidades, hasta memorias de 1 GB de capacidad, siendo del mismo tamaño la partición SWAP que la memoria RAM si esta es de 1 GB. Si la memoria se encuentra entre 2 GB y 4 GB, el espacio reservado para la SWAP será de la mitad de la RAM, y si la memoria RAM supera los 4 GB, la reserva para SWAP será como máximo de 2 GB.

4.1. Concepto de tabla de particiones y MBR

La tabla de particiones es un área del disco duro que contiene información de las particiones relacionada con el tamaño en sectores, posición de partición con respecto a la primaria, tipos de partición existente y sistemas operativos instalados. Si un virus afectara a dicha tabla de partición su eliminación sería muy complicada y también la recomposición del sistema de particiones.

La tabla de particiones se puede encontrar en el MBR *(Master Boot Record),* el registro de arranque principal o maestro, con una ocupación de 64 *bytes*, repartidos en 4 registros de 16 *bytes*. La tabla de particiones está alojada a partir del *byte* 446.

El MBR se aloja al principio del disco duro, de 512 *bytes* de longitud, y contiene una secuencia de comandos para cargar un sistema operativo. Además de ser el primer registro del disco duro contiene un pequeño programa ejecutable, *bootstrap,* que se emplea para arrancar el sistema operativo y la tabla de particiones, como se ha dicho anteriormente.

Todos los disco duros albergan un MBR, pero no todas las BIOS arrancan el sistema operativo desde cualquier disco duro. Cuando inicia desde disco duro la BIOS copia el contenido albergado en el MBR en una dirección fija de memoria RAM, para que luego sea este el que tenga el control.

 Nota

Hasta 1990, la BIOS era almacenada en memorias tipo ROM o EPROM; en la actualizad se utilizan memorias Flash, con la ventaja de que pueden ser actualizadas sin tener que abrir la caja.

El esquema básico de un disco duro consta de MBR, que siempre está definida en cualquier disco duro, y las distintas particiones, como las primarias, que se usan para instalar los sistemas operativos, y las particiones extendidas, las cuales se usan para alojar los archivos de los distintos sistemas operativos y particiones creadas a criterio del usuario para almacenar otros archivos. Por ejemplo, crean una partición que sea accesible tanto de *Linux* como desde *Windows*. Hay que recordar que para discos duros instalados con el sistema operativo *Linux* hay que reservar espacio en el disco duro para SWAP.

MBR Sector de arranque	**Partición primaria (activa)** Sistema operativo 1	**Partición primaria** Sistema operativo 2	**SWAP**	Datos sistema operativo 1	**Datos compartidos** Accesibles por ambos sistemas operativos	Datos sistema operativo 2	**Espacio libre**

4.2. Aplicación práctica

Se le ha asignado la tarea de formatear un nuevo equipo que llega a la empresa con las siguientes directrices:

- Tiene que particionar un disco duro de 100 GB de capacidad con una memoria RAM de 2 GB y debe instalar *Windows 11* junto a *Ubuntu 24.04 LTS.*
- Se precisa tener una parte del disco en el que pueda almacenar información tanto de *Windows* como de *Ubuntu*, definir las particiones que se deben realizar, el sistema de archivos para las particiones y nombre de las particiones.

Represente gráficamente cómo quedaría el disco duro particionado, sabiendo que la instalación de *Windows* ocupará 15 GB y la de *Linux* 12 GB, y debe quedar un espacio libre en disco de 7 GB. Distribuya según su criterio el espacio restante.

Solución

Cree un gráfico a modo de guía, donde dividirá el espacio del disco, para la partición primaria y la partición extendida y la tabla MBR.

Particione el disco en dos particiones primarias, una para cada sistema operativo, y otra partición de datos, donde albergará los datos compartidos y los datos pertenecientes a cada sistema operativo. La partición activa será la de *Windows*.

| MBR Sector de arranque | Partición Activa *Windows 11* 15 GB /dev/hda1 C: | *Ubuntu 24.04 LTS* 12 GB /dev/hda2 D: | SWAP 1 GB /dev/hda5 E: | Datos *Windows* NTFS 20 GB /dev/hda6 F: | Datos compartidos VFAT 25 GB /dev/hda7 G: | Datos Ubuntu (/home) EXT3 20 GB /dev/hda8 H: | Espacio libre 7 GB |

MBR contiene la tabla de particiones y el programa de inicialización.

Partición activa, debe ser una de las particiones primarias en este caso la partición de *Windows*.

Segunda partición primaria, perteneciente al SO *Ubuntu*.

Espacio de la partición extendida del disco, contiene el espacio SWAP y el espacio para los datos.

Espacio libre del disco sin asignación.

4.3. Descripción de sistemas de almacenamiento NAS y SAN

El sistema de almacenamiento NAS *(Network Attached Storage)* sirve archivos a través de una red local (LAN). Los sistemas NAS están compuestos por tres elementos: un procesador, unidades de almacenamiento, como discos duros, y un módulo de conexión a la red.

Una vez se ha conectado el sistema NAS a la red TCP/IP, detectará y ajustará los parámetros básicos para que sea visible en todos los puestos conectados a esa red y estará preparado para recibir peticiones de acceso para compartir archivos.

NAS proporciona acceso a ficheros mediante NFS, CIFS, FTP o TFTP, sobre TCP/IP. El cliente solicita el archivo por completo al servidor y lo maneja localmente, por esta razón los NAS están orientados a datos almacenados de pequeño tamaño y una gran cantidad. NAS permite dar servicio a ordenadores y sistemas operativos diferentes. Los NAS proporcionan servicios de seguridad avanzados como las políticas de acceso, RAID y alimentación redundante para así aumentar su confiabilidad y prestaciones. Además, este sistema de almacenamiento es muy escalable, solo se tendrían que conectar más unidades NAS o añadir más sistemas de almacenamiento.

El NAS head es el *hardware* que actúa como interfaz entre NAS y el cliente, el cliente se conecta mediante al NAS head, nunca a los dispositivos de almacenamiento que alberga, a través de una conexión Ethernet.

Para administrar el NAS se ejecuta un pequeño programa desde cualquier equipo. Desde este *software* y una herramienta web se definen los recursos compartidos, los usuarios y los niveles de acceso.

Almacenamiento NAS

Por otro lado, el SAN *(Storage Area Network)* es una red dedicada de datos de alta velocidad (fibra óptica) y capacidad, que conecta diferentes tipos de unidades de almacenamiento actuando independientemente de la red local, pero sin llegar a ser excluyente. El tipo de tráfico en SAN es similar al de los discos duros ATA, SATA y SCSI; este último es el protocolo más usado. La petición de datos se hace por bloques y no por archivos como en NAS.

La fibra óptica está compuesta por fibra de vidrio, que transmite pulsos luminosos generalmente de láser o LED. En el interior de la fibra óptica, la luz se refleja contra las paredes en ángulos abiertos, avanzando casi por el centro, permitiendo transmitir la señal casi sin pérdida alguna.

Ampliación de cable de fibra óptica

 **Nota**

La fibra óptica ha reemplazado al cobre por su relación precio/beneficio. Es más rápida y no está afectada por interferencias.

El SAN hace posible que el almacenamiento sea accesible a todos los servidores de la red, facilitando que los datos se compartan entre los diferentes servidores sin ninguna repercusión en la red local (LAN). De esta manera, la información no reside directamente en un servidor, y estos pueden utilizarse para otras tareas al tener mucha más capacidad de almacenamiento libre. Los dispositivos SAN tienen una buena escalabilidad, solventando este problema agregando dispositivos adicionales, los cuales serían accesibles desde cualquier servidor de la red.

Según el tipo de red que se utilice en SAN la velocidad puede variar. En caso de la fibra óptica, el ancho de banda aproximadamente está en 100 MB/ seg; otro protocolo de red utilizado en la SAN es iSCSI, aunque no es tan rápido como la fibra.

Esquema de almacenamiento SAN

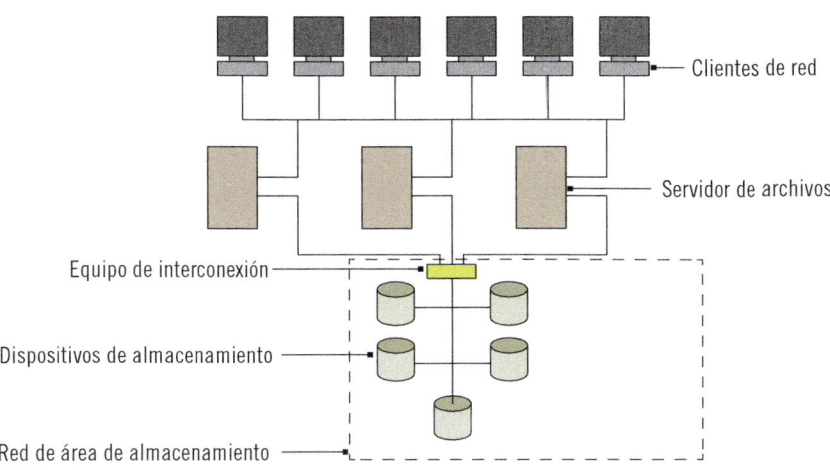

Clientes de red

Servidor de archivos

Equipo de interconexión

Dispositivos de almacenamiento

Red de área de almacenamiento

 Recuerde

En NAS los ordenadores se conectan a los dispositivos de almacenamiento directamente a través de LAN e influye negativamente en el rendimiento de la LAN. En SAN, al ser una red dedicada conectada a la LAN, la velocidad es mayor y no interfiere en la red local.

Comparación y aplicaciones

La comparativa de ambos sistemas de almacenamiento se centra en los tres puntos siguientes:

- **Capacidad y escalabilidad:** la capacidad de los dispositivos SAN crece mucho más rápido que la de los dispositivos NAS, la capacidad de SAN se puede ampliar de forma ilimitada hasta llegar a los miles de TB. Esta característica se debería tener en cuenta si el objetivo es la consolidación del almacenamiento y sacar partido y mejorar el tiempo de respuesta de los datos. Esta ventaja permite la recuperación de equipos o aplicaciones en caso de error de una manera rápida y segura. Por su parte, NAS también es escalable, y su capacidad de almacenamiento oscila entre GB y algunos TB. Si se quisiera añadir más capacidad siempre quedaría añadir más dispositivos NAS, teniendo en cuenta que cada dispositivo operaría de forma independiente, complicando así la gestión. En definitiva, para gestionar una empresa con gran cantidad de volúmenes de información la opción es SAN, siendo el NAS la opción más recomendada para una empresa con menor necesidad de almacenamiento, con la ventaja también de los costes, mucho más reducidos que ofrece NAS.
- **Rendimiento:** NAS ofrece un menor rendimiento que SAN. En NAS el acceso a los datos almacenados consume más recursos al procesar los datos entre el cliente y el servidor. Una mayor ventaja de SAN con respecto a NAS es que no utiliza la misma red local (LAN) que se usa para el resto de funciones, permitiendo otros beneficios, como realizar copias de seguridad con poco impacto en los servidores y llevar a cabo actualizaciones en un menor tiempo. Si el rendimiento es la prioridad se debería considerar SAN, pero teniendo en cuenta muchos más factores, como su alto precio y su mayor complejidad, y habría que tener en cuenta el NAS si se va a trabajar con diferentes sistemas operativos y ordenadores, ya que de estas características carecen los sistemas SAN.
- **Costes:** en relación a los costes, como ya se ha visto anteriormente, SAN resulta mucho más costoso que NAS. El usuario, normalmente una empresa, es quien debe decidir si el uso de SAN y su gasto está justificado.

Recuerde

LAN, Red de Área Local, está formada por una serie de equipos que pertenecen a una misma "organización", casa, edificio, etc., conectados dentro de un área pequeña. La conexión de varios equipos a la misma red permite envío/recibo de archivos y componentes *hardware* como impresoras.

Aplicación práctica

Imagine que le encargan la tarea de sopesar qué sistema de almacenamiento implantará en su empresa, teniendo en cuenta el gran volumen de datos que genera la actividad en la misma. Debe tener en cuenta que la conexión que usará será de fibra óptica y que todos los equipos utilizan un mismo sistema operativo. Argumente claramente cuál es la decisión final elegida.

SOLUCIÓN

De primera mano dispone de fibra óptica, por tanto deberá aprovechar sus características en cuanto a velocidad, rendimiento y fiabilidad que aporta, consiguiendo velocidades de 100 MB/seg, aproximadamente. También la seguridad ofrecida es mayor al quedar aisladas del tráfico normal.

Debido al gran volumen de datos que se maneja en su empresa debe tener en cuenta que el sistema que elija tiene que ser escalable y no tener límite de escalabilidad a ser posible.

Con respecto al rendimiento, debe escoger un sistema de almacenamiento el cual no consuma demasiados recursos, como los sistemas SAN, y que, además, no utilice la misma red local que se usa para el resto de tareas. Además SAN comparte el almacenamiento entre los servidores de la red, así no carga la red local y la información no reside en un único servidor.

Analizando los puntos anteriores la mejor opción es optar por un sistema de almacenamiento SAN, con el inconveniente de que es más caro que el NAS.

Comparación de los sistemas SAN iSCSI, FC y FCoE

Los sistemas SAN iSCSI consisten básicamente en un tipo de almacenamiento SAN pero con un menor precio, que permite el uso del protocolo SCSI sobre TCP/IP. Al funcionar solamente con una interfaz Ethernet o red compatible permite una solución de almacenamiento de bajo coste sin desembolsar gran cantidad de dinero ni las habituales incompatibilidades dadas con el canal de fibra. Estos sistemas implementan métodos de autentificación y encriptación. El funcionamiento de iSCSI se basa en que el usuario envía una petición, el sistema operativo genera comandos SCSI y los datos de la petición, los datos se cifran, se encapsulan y se envían por Ethernet.

Fibre Channel (FC) siempre dará un gran resultado en lo que se refiere a rendimiento y fiabilidad, pero implica un mayor desembolso económico y mayor complejidad en la configuración. El ancho de banda que se consigue alcanza 8 GB/seg, consiguiendo hasta 16 GB/seg. FC proporciona, en principio, una mayor seguridad ya que quedan aislados del tráfico normal, al igual que es más complicado implementar sistemas de autentificación y encriptación. La necesidad de *hardware* específico para estas tecnologías hace que el precio final también aumente.

En cuanto a FCoE (*Fibre Channerl over Ethernet*), es un protocolo de almacenamiento que permite a FC funcionar directamente con Ethernet. Este sistema hace posible enviar/recibir información de FC a través de la infraestructura perteneciente a Ethernet de alta velocidad. El ancho de banda que mueve esta tecnología actualmente es de 10 GB/seg. La implementación de este sistema ha sido lenta ya que muchas empresas rechazaban esta idea de cambiar la forma de gestionar sus redes.

Actividades

7. Señale qué información proporciona la tabla de particionamiento y dónde se puede encontrar la tabla de particiones.
8. Averigüe qué sistema de almacenamiento es el más conveniente para una PYME, NAS o SAN.

4.4. Gestión de Volúmenes Lógicos

La gestión de volúmenes es una implementación de un pequeño y potente administrador de Volúmenes Lógicos para el núcleo de *Linux*. Este sistema se basó en el administrador de volúmenes de Veritas, de los que disponían los sistemas como *AIX* y *HP-UX*.

- **AIX** es un sistema operativo de UNIX System V, propietario de IBM. Este sistema operativo corre en los servidores IBM eServers pSeries con procesadores de 32 y 64 bits.
- **HP-UX** es un sistema operativo desarrollado y mantenido por Hewlett-Packard y está basado en System V, pero incluye características propias como BSD.

El Sistema de Gestión de Volúmenes (LVM)

El gestor de Volúmenes Lógicos o *Logical Volume Manager* (LMV) es una herramienta disponible en los actuales sistemas de *Linux*. Esta gestión hace referencia a una forma de asignar espacio de manera flexible, mucho más que las tradicionales, como el particionado de disco. Un LVM permite combinar, dividir o unir particiones incluso de distintos discos y migrar la información que contiene de unos discos a otros, pudiendo dejar sin servicio un disco duro, lo que no afectaría al funcionamiento cotidiano del sistema. También el LVM ofrece la posibilidad de organizar el espacio de los discos duros en grupos, por ejemplo, un grupo para los archivos de usuario y otro para los servidores, dividiendo el grupo de los usuarios en varios Volúmenes Lógicos, uno por usuario, y de la misma manera se haría con los servidores.

Usuario	Dispositivo 1	Dispositivo 2
Usuario1	/dev/mapper/usuarios-usu1	/dev/usuarios/usu1
Usuario2	/dev/mapper/usuarios-usu2	/dev/usuarios/usu2

La columna Dispositivo 1 es el nombre del dispositivo con el que se accede al Volumen Lógico; la columna Dispositivo 2 es el enlace simbólico hacia el anterior nombre, esto facilita el acceso al Volumen Lógico.

Servicio	Dispositivo 1	Dispositivo 2
FTP	/dev/mapper/servidores-ftp	/dev/servidores/ftp
HTTP	/dev/mapper/servidores-http	/dev/servidored/http

 Definición

Enlace simbólico
Un enlace simbólico es un fichero que apunta a otro fichero o directorio. Este enlace simbólico contiene la ruta del otro fichero o directorio.

Esta forma de nombrar a los Volúmenes Lógicos es mucho más simple e intuitiva.

Generalmente, LVM se usa si se tiene un disco de gran capacidad o para la administración de muchos discos, aunque en la práctica también tiene beneficios para discos pequeños. Según las necesidades se irán agrandado o disminuyendo las particiones. LVM está compuesto por tres niveles: Volúmenes Físicos, Grupos de Volumen y Volúmenes Lógicos.

Guía básica de uso de LMV

El Administrador Lógico de Volúmenes está compuesto por dos bloques: el soporte en el *kernel* y otro, unas herramientas que permiten su configuración.

Para que un *kernel* tenga soporte para LVM habrá que compilarlo, en este caso LVM2, que es la segunda versión, que es la que se recomienda, aunque la mayoría de las distribuciones mantengan la versión 1.

 Ejemplo

Para poder instalar el LVM2, antes habilite el soporte para dispositivos múltiples.

Device Drivers ----→ Multiple devices driver support (RAID and LVM): Y

También hay que habilitar soporte para el mapeador de dispositivos *(device mapper)*, que es un componente de bajo nivel sobre el que se apoya el Administrador Lógico de Volúmenes en la versión 2.

 Ejemplo

Device mapper support: Y or M

Con estas opciones habilitadas ya se tendrá un *kernel* capaz de manejar Volúmenes Lógicos, pero sería interesante habilitar el soporte para el *Mirror Targets*, esto da la posibilidad de poder migrar Volúmenes Lógicos de unos Volúmenes Físicos a otros.

Ejemplo

Mirror target: (optional)

Se dispone de otras opciones como el *Cryp Target,* que da la posibilidad de encriptar la información en las unidades de almacenamiento, o el *Snapshot Target,* el cual permite hacer capturas del estado del Volumen Lógico en un momento determinado.

Ejemplo

Crypt target support: (optional)

Snapshot target: (optional)

El siguiente paso es instalar el paquete lvm2, ya que si se tiene un *kernel* que soporta Volúmenes Lógicos se necesitan las herramientas para configurarlo.

 **Ejemplo**

apt-get install lvm2

Una vez instalado el paquete lvm2, pase a crear Volúmenes Físicos (PV). En la versión 2 LVM se suprimió que hubiera que crear una partición tipo Linux LVM, ahora se puede usar como PV cualquier dispositivo de bloques.

Para usar una unidad de almacenamiento con LVM, tendrá que inicializarlo con el comando **pvcreate** seguido del nombre del dispositivo o dispositivos a inicializar.

 Ejemplo

Para inicializar la segunda partición del primer disco ATA, use la siguiente línea de comando:

pvcreate /dev/hda2

Physical volumen "dev/hda2" succesfully created

Ya inicializados los PV que vaya a usar, debe ir a unirlos en un Grupo de Volumen (VG), esto dará como resultado un área de almacenamiento donde su capacidad será la suma de todas los PV.

Para crear un nuevo VG

Use el comando **vgcreate** seguido del nombre del grupo y, a continuación, indique la lista de los PV que lo formarán. La sintaxis es: **vgcreate nombre_del_vg volumen_físico [volumen_físico...]**

 **Ejemplo**

Para crear un Grupo de Volumen que contenga el contenido de los servidores HTTP y FTP, llamado "servidores", que usará el Volumen Físico creado en la 3 partición del primer disco SATA (/dev/sda3), empleará la siguiente línea de comando:

vgcreate servidores /dev/sda3

Volume group "servidores" successfully created

Una vez creado el VG se debe activar para poder así acceder a los LV que contiene dicho grupo. Para activar el VG se utiliza el comando **vgchange -ay nombre del vg.**

La opción **-ay** significa *avaliable: yes*, pudiendo también soportar la opción **-an,** la cual se usa para deshabilitar el grupo *avaliable:no*

Ya que se dispone de un VG creado y activado, es el momento de distribuir su espacio en LV para poder crear los sistemas de archivos. Para crear LV el comando que se emplea es **lvcreate,** cuya sintaxis es: **lvcreate {-L/--size tamaño} {-n/--name nombre_del_lv} nombre del vg.**

En la opción **-L** o **--size** se especifica el tamaño que tendrá en LV y si no se añade ningún sufijo se tomará por defecto megabytes; los sufijos que se pueden usar son: K (kilobytes), M (megabytes), G (gigabytes) y T (terabytes).

La opción **-n** o **--name** establece el nombre del LV. Si no se indica ninguno se establecería uno del tipo **lvol#,** donde # es número interno asignado al LV.

El último parámetro que hay que pasarle a la sentencia de creación es el nombre del GV donde se creará el LV.

Una vez ejecutada la sentencia, por cada LV que se tenga se creará una unidad dentro de **/dev/mapper,** compuesta por el nombre del GV, guión y el nombre del LV.

Ejemplo

Cree dos Volúmenes Lógicos en el Grupo de Volumen hecho anteriormente, servidores, un LV llamado FTP que llamará ftp con 20 GB y otro para el servidor HTTP denominado web con capacidad de 10 GB. Las líneas de comando serían las siguientes:

lvcreate --size 20 G --name ftp servidores
Logical volumen "ftp" created

lvcreate --size 10 G --name web servidores
Logical volumen "web" created

Como se vio anteriormente, al ejecutar la sentencia se crean los dos dispositivos dentro de **/dev/mapper/servidores-ftp** y **/dev/mapper/servidores-web;** al igual que dos enlaces simbólicos, **/dev/servidores/web** y **/dev/servidores/ftp.**

Una vez llegados a este punto se tiene el Volumen Lógico y lo se podrá usar como un dispositivo de almacenamiento al crear un sistema de archivos con la sentencia: **mkfs.tipo_sistema_archivo ruta_LV.**

Ejemplo

Va a crear un sistema de archivos ext3 en el LV que pertenece al servidor FTP, con la siguiente sentencia:

mkfs.ext3 /dev/mapper/servidores-ftp

También creará un sistema de archivos xfs para el LV del servidor HTTP:

mkfs.xfs /dev/mapper/servidores-web

Una vez creados los sistemas de archivos, solo queda montarlos:

mount –t xfs /dev/mapper/servidores-web

Creados los Volúmenes Lógicos, Físicos y los Grupos de Volúmenes, ya se podrán usar las nuevas características añadidas al sistema por el LVM. A continuación, se verá cómo recibir información sobre estos volúmenes.

Para ver información sobre los Volúmenes Físicos (FV)

El comando que se utiliza es: **pvdisplay [-c/--colon] [-s/--short] [volumen_físico…].**

A esta sentencia se le podría pasar todos los **volumen_físico** de los que se quiera obtener información, si no se especifica alguno se mostrará información sobre todos los PV que hay.

La opción **-s** o **--short** muestra el espacio que no está siendo utilizado por ningún LV, es decir, el espacio libre del PV. La opción **-c --colon** genera una línea por cada PV y separa valores con (:).

Por ejemplo, para conocer el espacio disponible en dicho PV ejecute la siguiente sentencia:

Pvdisplay –s /dev/sda2

Device "/dev/sda2" has capacity of 80 GB

Ejemplo

Para ver las características de un PV, el cual se corresponde con el dispositivo dev/sda2, la línea de comandos utilizada sería:

pvdisplay /dev/sda3
--- Physical volumen ---

PV Name   /dev/sda3
VG Name   servidores
PV Size   120 GB /not usable 0
Allocatable   yes
PE Size (Kbyte)   4096
Total PE   38360
Free PE   21336
Allocated PE   17024
PV UUID   Lg5LoL-DEAD-t070-Gzzz-BEEF-Jqpz-Q3qqf2

Para obtener información sobre los Grupos de Volumen (GV)

La sintaxis es la siguiente: **vgdisplay [c/--colon] [-s/--short] [grupo _de _volumen...].**

Al igual que para obtener información sobre los PV se pueden pasar tantos parámetros **grupo_de_volumen** como información de cada uno se quiera obtener, y si no se especifica nada no dará la información de todos los GV disponibles, como ocurría con los PV. La opción **-c/--colon** muestra cada atributo línea por línea separados por (:), para que sea más fácil de analizar, la opción **-s/--short** indica el espacio total del GV, el espacio usado y el que queda libre.

La sintaxis para obtener información sobre Volúmenes Lógicos (LV) es: **lvdisplay [c/--colon] [-m/--maps] [volumen_lógico...].**

Se pueden añadir tantos parámetros **volumen_lógico** como información se quiera obtener de los LV que se tenga, en este caso está la opción **-m/--maps,** que muestra el mapeado correspondiente entre las Áreas Lógicas y los Volúmenes Físicos junto con sus Áreas Físicas.

A continuación, se verá cómo redimensionar volúmenes, es decir, añadir Volúmenes Físicos (PV) a un Grupo de Volumen (GV), extender Volúmenes Lógicos (LV) y redimensionar el sistema de archivos.

Si se quiere añadir más espacio a un GV, ya que se dispondría de un nuevo disco duro, se utiliza el comando **vgextend,** cuya sintaxis es: **vgextend grupo_volumen volumen_físico...**

Donde se tiene **grupo_volumen,** como el nombre del GV al que añadir los PV que se especifiquen en **volumen_físico,** se añade el volumen físico "sdc" al grupo de volúmenes **"servidores".**

 **Ejemplo**

Añada el PV "sdc" al grupo de volúmenes "servidores":

vgextend servidores /dev/sdc
Volume group "servidores" successfully extend

Para extender un Volumen Lógico (LV)

Al tener espacio libre en el Grupo de Volumen por haber añadido Volúmenes Físicos (PV) se utiliza el comando **lvextend.** Este comando se puede usar de varias maneras distintas, dos de el as son indicando el tamaño final que se desea que tenga el LV, y en otra se debería especificar cuánto se quiere que crezca. Las sintaxis sería la siguiente:

lvextend --size nuevo_tamaño volumen_lógico [volumen_físico].

De esta manera **nuevo_tamaño** significa el tamaño final que se quiere que tenga el LV. Al tamaño habría que espec ficarle un sufijo con la unidad, si no se añade nada el sistema entiende que la cantidad introducida son megabytes. El parámetro **volumen_lógico** se refiere al nombre del LV que se va a ampliar. El parámetro **volumen_físico** es opcional, indica por cuál PV se extiende el LV.

 Ejemplo

Extienda el LV web que corresponde al GV servidores para que su tamaño final sea de 3 GB:

lvextend --size 3G /dev/mapper/servidores/web
Extendind logical volumen web to 3.00 GB
Logical volume web successfully resized

Otra manera de utilizar este comando es especificar cuánto espacio se quiere añadir al LV, se trata de añadir el símbolo **"+"** delante del tamaño:
lvextend --size +nuevo_tamaño volumen_lógico [volumen_físico].

Ejemplo

Añada 2GB al LV del servidor web:

lvextend --size +2G /dev/mapper/servidores/web
Extending logical volumen web to 5.00 GB
Logical volume web successfully resized

Ya añadido el espacio al Volumen Lógico hay que ajustar el sistema de archivos para que este emplee la nueva capacidad añadida; según el sistema de archivos que se esté utilizando, se añadirá de una forma u otra.

Si el sistema de archivos está basado en ext2/ext3, se utilizará el mismo comando, con la salvedad en el caso de que sea ext2, en el que se deberá redimensionar cuando esté desmontado; mientras que los ext3 sí se pueden redimensionar montados. La sintaxis para modificar el tamaño de estos sistemas de archivos es: **resize2fs dispositivo [tamaño_nuevo].**

El parámetro **dispositivo** se corresponde con el LV donde se encuentra el sistema de archivos. El parámetro **[tamaño_nuevo]** es opcional e indica el nuevo tamaño del sistema de archivos. Se debería indicar el tamaño seguido de un sufijo que indique la unidad de medida, si no se especifica nada se tomará todo el espacio disponible en el LV.

Ejemplo

Al haber expandido el LV web que pertenece al GV servidores, expanda el sistema de archivos ext2/ext3, así podrá usar todo el nuevo espacio disponible:

resize2fs /dev/mapper/servidores-web

Para redimensionar

Con los sistemas de archivos reiserfs se utiliza el comando **resize_rei-serfs.** Su sintaxis es: **resize_reiserfs [-s tamaño_nuevo] dispositivo.** Donde **dispositivo** apunta al LV donde se encuentra el sistema de archivos y el parámetro opcional **tamaño_nuevo** indica el tamaño del sistema de archivos. Este parámetro se puede usar de dos maneras: la primera, especificando cuál será el nuevo tamaño final; en la segunda se usará el prefijo "**+**" para indicar en cuánto aumentara o el prefijo "**-**" para indicar en cuánto disminuirá, siempre con el sufijo indicando la unidad de medida (K,M,G).

Estos sistemas de archivos pueden ser redimensionados mientras están montados.

Ejemplo

Al haber expandido el LV web que pertenece al GV servidores, expanda el sistema de archivos reiserfs, así podrá usar todo el nuevo espacio disponible:

resize_reiserfs /dev/mapper/servidores-web

Los sistemas de archivos xfs se redimensionan con el comando **xfs_growfs,** cuya sintaxis es: **xfs_growfs punto_de_montaje.** Donde **punto de montaje** es el directorio donde el sistema de archivos está anclado.

Este sistema de archivos solo puede ser expandido cuando está montado.

 **Ejemplo**

Expanda un sistema de archivos XFS montado en /var/httpd:

xfs_growfs /var/httpd

Al igual que se pueden extender los LV también se pueden reducir, pero hay que tener en cuenta que antes de reducir un LV hay que reducir el sistema de archivos alojado en él, ya que los datos de la parte reducida se perderían. El comando utilizado para la reducción de LV es **lvreduce** y la sintaxis es la siguiente: **lvreduce [-f/--force] [-]áreas_lógicas [-L/--size [-] tamaño] [-t/--test] volumen_lógico.**

El parámetro **volumen_lógico** se refiere al nombre del LV a reducir.

La opción **-f/--force** obliga a que la reducción se realice sin preguntas.

La opción **-l/--extends** especifica el número de áreas lógicas que tendrá el LV; si se usa el prefijo "-" se está indicando cuántas áreas lógicas se resta al LV.

El parámetro opcional **-L/--size** señala el tamaño final de L, de igual modo si se precede de "-" indicará la capacidad que se le resta al LV, seguido de los sufijos de unidad de medida.

La opción **t/test** realiza un test para comprobar cómo quedaría el sistema al realizar los cambios sobre el LV.

Para eliminar PV de un GV

El comando empleado es **vgreduce,** pero teniendo en cuenta que para realizar esta acción hay que asegurarse que los distintos PV a eliminar están vacíos. Si por un caso no estuvieran vacíos, habría que migrar o eliminar los LV que tengan. La sintaxis de este comando es la siguiente: **vgreduce [-a/--all] [-y/--test] grupo_volumen [volumen_físico...]**.

El parámetro **grupo_volumen** apunta al Grupo de Volumen (GV) al que pertenecen los Volúmenes Físicos (PV) a eliminar.

Para señalar los Volúmenes Físicos que se van a eliminar se usa el parámetro **volumen_físico.**

En cuanto a las opciones **-a/--all,** indican eliminar todos los Volúmenes Físicos que no se estén usando. Para los Volúmenes Físicos que se van a eliminar sin llegar a realizar la operación se puede usar la opción **-t/--test.**

Imagen que muestra la estructura definida con LVM

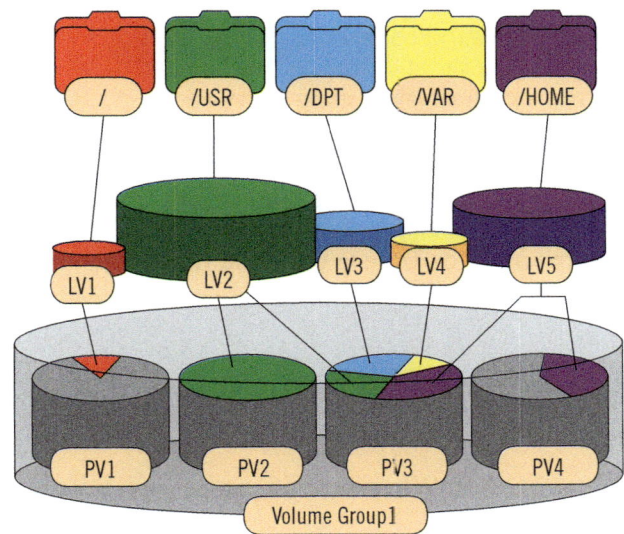

 **Ejemplo**

Elimine el PV /dev/sda2 que pertenece al VG servidores:

vgreduce servidores /dev/sda2
Removed "dev/sda2" fromo volumen group "servidores"

Eliminar todos los PV del VG servidores que no estén siendo utilizados por algún LV.

vgreduce –a servidores
Physical volumen "dev/sdb" still in use
Removed "dev/sda2" from volume group "servidores"

Simular el borrado de PV que no están siendo utilizados.

vgreduce –a –t servidores
Test mode: Metadata will NOT be updated.
Physical volume "dev/sdb" still in use
Removed "dev/sda2" from volume group "servidores"

La eliminación de LV solo se puede realizar mientras no estén siendo utilizados, es decir, que el sistema de archivos donde se alberga no esté montado.

Para borrar LV de un GV

Se usa el comando **lvremove**. Su sintaxis es: **lvremove [-f/--force] [-t/--test] volumen_lógico.**

Para indicar el nombre del LV que se va a borrar se usa el parámetro **volumen_lógico.**

Las opción **-f/--force** no pedirá confirmación a la hora de la eliminación.

La opción **-t/--test** da la posibilidad de ver qué acciones se realizaran para borrar el LV, pero sin llegar a borrarlo.

Ejemplo

Borre el LV ftp que pertenece al GV servidores, ya habiendo desmontado el sistema de archivos alojado en él:

lvremove /dev/servidores/ftp
Do you really want to remove active volumen "ftp"? [y/n]: y
Logical volume "ftp" successfully removed

La segunda versión de LVM, LVM2, tiene la característica de ser muy flexible a la hora de migrar Áreas Físicas entre PV que pertenecen a un mismo GV, y todo esto sin interrumpir el funcionamiento del sistema.

Para la migración de Áreas Físicas entre PV

El comando a utilizar para esta acción es **pvmove** y la sintaxis es: **pvmove [-n volumen_lógico] volumen_físico_origen [volumen_físico_destino].**

El parámetro opcional **-n volumen_lógico** especifica que se van a migrar solamente las áreas físicas que corresponden a un determinado PV, si no se especifica nada intentaría trasladar todos los LV que estén contenidos en el PV.

El parámetro obligatorio **volumen_físico_origen** apunta al PV que contiene las áreas físicas que se van a migrar. El parámetro opcional **volumen_físico_destino** indica uno o varios PV a los que migrar las áreas físicas. Al no indicar nada el comando usado buscará PV dentro del GV a los que poder migrarlo.

Ejemplo

Quite del sistema el segundo disco SCSI o SATA que está siendo utilizado totalmente como PV (/dev/sdb) para migrar todos los LV que contenga y así extraer el dispositivo de almacenamiento, en este caso un disco duro:

pvmove /dev/sdb
/dev/sdb: Moved 100.0%

Migre los LV al tercer disco SCSI (/dev/sdc):

Pvmove /dev/sdb dev/sdc
/dev/sdb: Moved 100.0%

Migre un solo LV que pertenece al servidor FTP, /dev/servidores/ftp:

Pvmove –n /dev/servidores/ftp dev/sdb/sdc
/dev/sdb: Moved 100.0%

Actividades

9. Señale cuál es el cometido de LVM (Gestor de Volúmenes).
10. Busque información sobre los tipos de *kernel* existentes. Comente qué pasos hay que seguir para hacer que el *kernel* soporte LVM.

 Aplicación práctica

Le asignan la tarea de ser el gestor de volúmenes de su empresa, que tiene equipos basados en *Linux*, para que organice y gestione el espacio de almacenamiento. ¿Qué pasos dará?

SOLUCIÓN

La versión del núcleo de *Linux* que tiene es la 3.0 como mínimo, así que la versión de LVM será la segunda, solo tendrá que instalarlo.

Antes de poder utilizar los discos como un Volumen Físico es necesario inicializarlos. Una vez generado el Volumen Físico cree el Grupo de Volumen incluyendo los Volúmenes Físicos creados anteriormente:

[root@localhost ~]# **pvcreate /dev/loop0**
  Physical volume "/dev/loop0" successfully created
[root@localhost ~]# **pvcreate /dev/loop1**
  Physical volume "/dev/loop1" successfully created

[root@localhost ~]# **vgcreate grupo1 /dev/loop0 /dev/loop1**
  Volume group "grupo1" successfully created

Para poder acceder a los Volúmenes Lógicos que contiene el volumen de grupo es necesario activarlo:

[root@localhost ~]# **vgchange –ay grupo1**
  0 logical volume(s) in volume group " grupo1" now active

Ahora cree los Volúmenes Lógicos:

[root@localhost ~]# **lvcreate -L 10M -n primer_lv grupo1**
  Rounding up size to full physical extent 12,00 MB
  Logical volume "primer_lv" created
[root@localhost ~]#**lvcreate -l 3 -n segundo_lv grupo1**
  Logical volume "segundo_lv" created

Continúa en página siguiente >>

<< Viene de página anterior

Ahora necesita crear un sistema de archivos y montar el volumen:

```
[root@localhost ~]# mkdir /mnt/primer_lv /mnt/segundo_lv
[root@localhost ~]# mkfs.ext3 /dev/grupo1 /primer_lv
[root@localhost ~]# mkfs.reiserfs --journal-size 513    /dev/grupo1/segundo_lv
```

Continue? (Y/N) Y

Format completed successfully.

Recuerde

El *kernel* es un pequeño programa, *software,* fundamental en el sistema operativo que gestiona los recursos de memoria y permite el acceso a los sistemas de archivos entre otras funciones.

4.5. Acceso paralelo

El acceso paralelo está implementado en los conjuntos de discos duros o RAID. Son aquellos donde cada disco participa en todas la operaciones de entrada y salida. Este tipo de conjuntos de discos ofrece unas tasas de transferencia muy altas; esto es debido a que todas las operaciones son distribuidas entre todos los discos del conjunto y ocurren prácticamente de forma simultánea. La tasa de transferencia está muy cercana a la suma de las tasas de transferencia de los discos miembros, mientras que los índices de operaciones de entrada/salida se acercan mucho a los alcanzados por un disco individual.

En los conjuntos de discos se accederá a un archivo a la vez, pero de una manera rapidísima. Algunas implementaciones de este tipo requieren de actividades adicionales para un mejor funcionamiento como la sincronización de discos.

Los RAID son una serie de sistemas que organizan varios discos como si fuese uno solo, así obtienen discos duros más grandes, seguros y rápidos, aprovechando toda la potencia de la CPU. RAID permite a varias unidades trabajar en paralelo lo cual aumenta el rendimiento del sistema.

El RAID de nivel 2 permite acceso paralelo con discos especializados. Está recomendado para aplicaciones que requieran una alta tasa de transferencia y es menos conveniente para las aplicaciones que necesiten una alta tasa de demanda Entrada/Salida.

En el RAID de nivel 3 los datos se dividen en fragmentos que se transfieren a los discos que funcionan en paralelo, esto permite enviar más datos de una sola vez y aumentar la velocidad general de transferencia de archivos. Esta característica convierte al RAID de nivel 3 en el adecuado para las aplicaciones que requieren transferir grandes ficheros hacia el disco principal y llevarlos desde el disco principal a cualquier unidad.

Por otra parte, el RAID de nivel 4 tiene división a nivel de bloques y el acceso al conjunto de los discos es paralelo, pero no simultáneo. Las operaciones de escritura se realizan de forma secuencial, en cambio las de lectura de forma paralela.

 Actividades

11. Teniendo acceso paralelo al disco, señale de qué ventaja se dispone.

Recuerde

El RAID no protege datos, no impide que estos puedan ser modificados, borrados por errores accidentales, como tampoco puede evitar que los datos se corrompan o sean accesibles por un agujero en la seguridad. Las herramientas para recuperar datos deberán soportar las controladoras RAID para poder acceder a los discos defectuosos.

4.6. Protección RAID

El termino RAID inicialmente provenía de *Redundant Array of Inexpresive Disks,* que significa conjunto redundante de discos baratos; pero en la actualidad se le ha dado otro significado, *Redundant Array of Independent Disks,* conjunto redundante de discos independientes. Básicamente un RAID es un sistema de almacenamiento de información que utiliza varios discos duros donde se guarda/distribuyen y/o se duplican los datos. RAID utiliza varios dispositivos de almacenamiento como si se tratase de una unidad lógica, pero el sistema operativo y el usuario solo ve un disco duro, aunque la información se almacena en todos.

Originalmente, la ventaja más clara de los RAID era combinar dispositivos de bajo coste y tecnología más anticuada en un nuevo conjunto que disponía de mayor capacidad, velocidad y fiabilidad que dispositivos de mayor tecnología y mayor precio. Crear un espejo de la información en varios discos duros da lugar a un aumento de la velocidad de lectura, ya que lee múltiples sectores de cada disco al mismo tiempo por canales de transferencia distintos. Con respecto a la seguridad, aporta beneficios ya que si algún disco duro sufre algún desperfecto la información se almacena en otro disco de forma correcta. La fiabilidad es uno de los puntos fuertes de RAID, que emplea dos técnicas:

- **Redundancia de datos:** consiste en tener los mismos datos en más de una unidad; este planteamiento es eficaz pero costoso, ya que implica unidades de almacenamiento por duplicado.
- **Paridad:** utiliza un algoritmo matemático para leer los datos de cada unidad y cuando se produce un fallo en alguna se leen los datos correctos

que queden en esa unidad y se comparan con los datos de paridad almacenados.

 Nota

Paridad en RAID se refiere a la suma de todos los dispositivos que se utilizan en el conjunto
del disco. Para recuperar el fallo del dispositivo hay que leer los datos válidos y compararlos
con el dato de paridad. La paridad solo se da en los niveles 2,3,4 y 5 de RAID.

Los RAID suelen usarse en servidores, pero debido a las inclusiones en los
chipset de las placas bases de opciones RAID estos también se están convirtiendo en una opción real para los ordenadores personales más avanzados.

Algunos niveles de protección RAID

RAID proporciona varios niveles de seguridad, según las necesidades que
haya:

RAID 2

Este nivel se usa muy poco, ya que utiliza un código Hamming para
la corrección de errores. Actualmente el código Hamming está integrado dentro de los controladores de los discos duros. Este nivel no puede
realizar varias operaciones simultáneas, cualquier operación de lectura/
escritura activa todos los discos del RAID y se producen cuellos de botella.
El rendimiento de este nivel es mediocre pero sí que aporta un nivel alto
de seguridad.

**RAID 2, donde Ap y Bp constituyen el disco de paridad
que usa el código Hamming; este nivel está obsoleto**

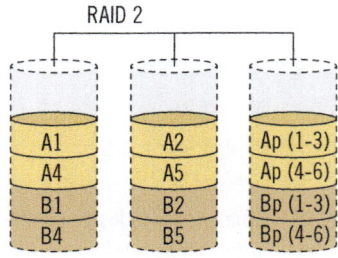

RAID 3

Este nivel de RAID almacena los datos en *bytes* en cada unidad en lugar de bloques, y usa una de las unidades para almacenar un bit de paridad y su acceso es asíncrono. Usa un código de Hamming para la corrección de errores. Como mínimo harían falta tres unidades para implementarlo, dos de ellas almacenarían los datos y la tercera estaría dedicada principalmente para la detección de los errores. Esto da la opción de que si uno de los discos fallara, sería posible reconstruir la información a partir de las demás unidades. Una vez reconstruido la información perdida, el contenido de la unidad con el fallo, estaría restablecida. No es posible realizar varios procesos simultáneos ya que cuando se lee/escribe funcionan los tres discos. Por otro lado, si dos unidades fallaran a la vez la información perdida sería irrecuperable.

**RAID 3, donde el disco 3, Ap (x-y) y Bp (x-y), es
reservado para la detección de errores o paridad**

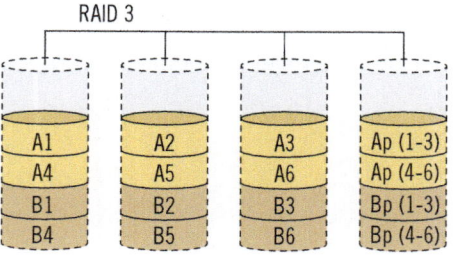

 Nota

El código Hamming lleva el nombre de su inventor, Richard Hamming. Es un código de detección y corrección de errores. Con el código Hamming se pueden detectar y corregir errores de un bit, y detecta los errores de dos bits.

RAID 4

Este nivel es conocido como IDA (acceso independiente con discos dedicados a la paridad), y es muy parecido al nivel 3 con la excepción de que usa una división a nivel de bloque y no a nivel de *bytes*. Por lo demás, también hay un disco de paridad dedicado y para funcionar necesita tres discos físicos. La información alojada en el disco de paridad permite recuperar la información si un disco llega a fallar. El rendimiento de RAID 4 es óptimo a la hora de lectura de datos, permitiendo, si la controladora de disco es apta, varias peticiones de lectura de datos simultaneas, en cambio en el proceso de escritura llega a ser más lento ya que requiere que los datos de paridad sean actualizados cada vez que se escriba. Este nivel es el adecuado para almacenar archivos grandes, donde asegurar la integridad de la información; en cada grabación se requiere un cálculo de paridad, dando confianza al almacenamiento.

RAID 4, donde el disco 3, Ap, Bp, Cp y Dp, es dedicado completamente a guardar la información de paridad, a partir de los demás discos

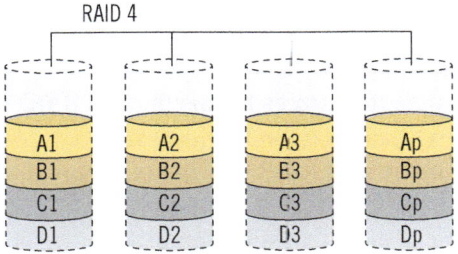

RAID 10

Este nivel de RAID es también conocido como RAID 1+0, el cual combina los niveles de RAID 1 y RAID 0. Tiene la ventaja de disponer de la redundancia del RAID 1, ya que la información se duplica en los discos de este nivel, y del alto rendimiento del RAID 0. Este nivel se distribuye en dos bandas de discos duplicados, como en el RAID 1, y dispone de la alta velocidad del RAID 0. Este nivel utiliza cuatro unidades de disco duro al formar una matriz RAID 0 a partir de RAID 1. El tamaño del RAID 10 es el del RAID 0. Proporciona una gran fiabilidad en caso de que ocurriese un error en disco. Al fallar, los datos se encuentran disponibles en la otra banda del RAID al estar duplicados.

RAID 10, formado por dos bandas de RAID 1

Comparación de los diferentes niveles de protección RAID

En conclusión, los sistemas RAID más utilizados son los niveles 1 y 5, ya que el nivel 2 queda obsoleto porque este incluía la corrección de errores Hamming, principalmente en discos duros antiguos, ya que los modernos tienen la característica de detectar errores por sí solos. El RAID de nivel 4 es muy semejante al nivel 3, salvo en lo referente a velocidad de lectura que se asemeja al RAID 0. El nivel RAID 6 se considera una ampliación del RAID 5.

La elección de un sistema u otro depende de los siguientes criterios: seguridad, rendimiento y costo.

En seguridad, tanto RAID 1 y RAID 5 ofrecen un muy alto nivel. A la hora de reconstruir unidades con errores, es diferente en cada nivel; si el sistema falla, RAID 5 reconstruye la unidad que falta con la información almacenada en las otras unidades, en cambio, RAID 1 proporciona una copia de seguridad.

El rendimiento de RAID 1 es mayor que RAID 5 en lo referente a lectura, pero en escritura es RAID 5 el que proporciona más rendimiento.

El costo de los sistemas depende directamente de la capacidad de almacenamiento que se va a implantar. RAID 5 usa un volumen utilizable de entre el 80 y 90 % del volumen asignado, ya que el resto se destina para la corrección de errores; en la solución RAID 1 el volumen utilizable será de un 50 % ya que el resto de espacio se usa para duplicar la información.

Mención de la opción de controladores RAID *software* o *hardware:* RAID 0, RAID 1, RAID 5 (recuperación de discos grandes con RAID 5) y RAID 6

Existen dos maneras de implementar una solución RAID: RAID basado en *software* y RAID basado en *hardware,* y a su vez este último puede basarse en *hardware* con DASD o con controladores RAID.

Raid hardware

El RAID basado en *hardware* es el más utilizado, ya que no depende del sistema operativo que se tenga instalado. Este tipo ve a RAID como un único disco duro de mucha capacidad, son bastantes rápidos y de fácil configuración mediante la consola de configuración RAID de la controladora, pero tienen el inconveniente del alto precio. DASD, dispositivo de almacenamiento de acceso directo, son unidades de almacenamiento externas con fuente de alimentación propia. Estos dispositivos permiten el cambio de unidades si estas tuvieran un error mientras el dispositivo está en marcha, llamado intercambiable en caliente. La administración de estos dispositivos es automática, se reconocen como unidades SCSI estándar.

Los controladores RAID son tarjetas que se añaden a las ranuras de expansión PCI o ISA de la placa base, y permiten el control de varios discos rígidos.

Raid software

El RAID basado en *software* no es muy utilizado ya que posee más dificultades a la hora de configurarlo y es más lento, pero tiene la ventaja de ser más barato que el RAID basado en *hardware.* El rendimiento de este tipo de RAID depende en gran medida de las capacidades de la máquina, ya que todas las funciones de RAID son manejadas por la CPU; además, el RAID basado en *software* no cuenta con intercambio de unidades de repuesto en funcionamiento, funciones de gestión remota.

Niveles de RAID 0, RAID 1, RAID 5 y RAID 6

A continuación, se verán los niveles de RAID que son llevados con más frecuencia a la práctica. Cada uno tiene unas características que los hacen únicos, quedando solo a elección del usuario la solución RAID que implantará.

RAID 0

Este nivel es conocido como *stripe set/striped volumen/stripe.* Carece de paridad y redundancia, solo dispone de distribución igualitaria de los bloques de datos entre los distintos discos que lo componen. Tiene la ventaja de que el proceso de lectura/escritura ofrece un mayor rendimiento y la desventaja de carecer de mecanismos de redundancia. Su capacidad mínima es de dos discos, siendo la máxima la deseada por el usuario. Si uno de los discos del RAID fuese de menor capacidad, el propio RAID determinará el tamaño de los demás discos aunque su capacidad sea mayor. El nivel 0 no tolera fallos, y en el proceso de recuperación se deberían utilizar herramientas para el diagnóstico de emergencia en todos los discos de dicho RAID. Al carecer de redundancia no ofrece ninguna protección de los datos.

RAID 0

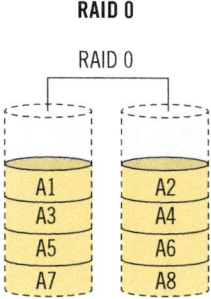

RAID 1

Lo característico de este nivel es el duplicado de la información. Al poseer información muy importante, por ejemplo para empresas, es importante tener dicha información duplicada para no perder datos. Este nivel utiliza la técnica de espejo o *mirroring*, donde se tiene una mejor redundancia de datos y para tolerar los fallos, donde está la misma información guardada por parejas. Cuando un disco de RAID nivel 1 falla, el disco espejado puede actuar con total tranquilidad al poseer la misma información y no detener el sistema. El espejado por norma es caro, ya que añade pares de discos para aumentar de tamaño, y poco práctico, más si se almacena gran cantidad de datos. El nivel 1 necesita dos discos para su implementación. Este nivel es adecuado cuando se tiene mucho espacio libre y se busca un buen rendimiento de lectura y fiabilidad de los datos en los volúmenes. En el momento de la escritura, el disco se comporta como uno solo, pero a la hora de leer el tiempo se reduce y la tasa de transferencia aumenta, ya que los sectores a buscar pueden dividirse entre los discos. Al igual que en el nivel 0, en el RAID 1 el disco más pequeño es el que determina el tamaño completo del RAID.

RAID 1

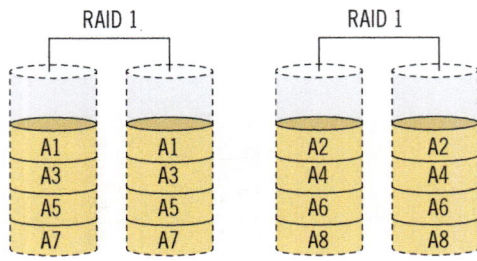

 **Ejemplo**

Creación de RAID 1 por *software* en Windows.

Como primer paso, se debe pulsar en el menú de **Inicio,** y buscar "equipo". Seleccionar la opción **Administración de equipos.**

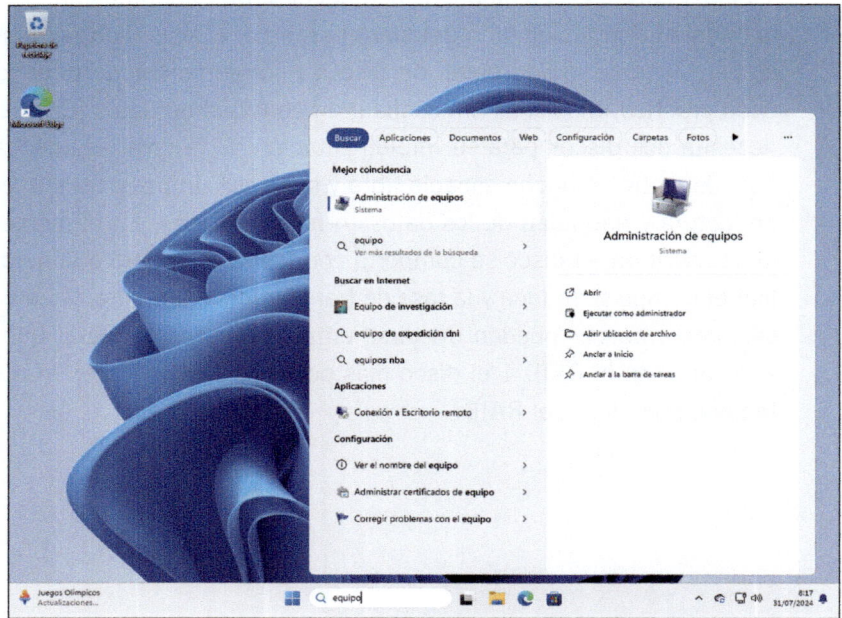

Continúa en página siguiente >>

<< Viene de página anterior

Se abrirá **Administración de equipos,** donde se seleccionará **Administración de disco,** como se ve en la imagen, y con el botón derecho sobre el disco que aloja el sistema operativo seleccionar la opción de **Agregar reflejo.**

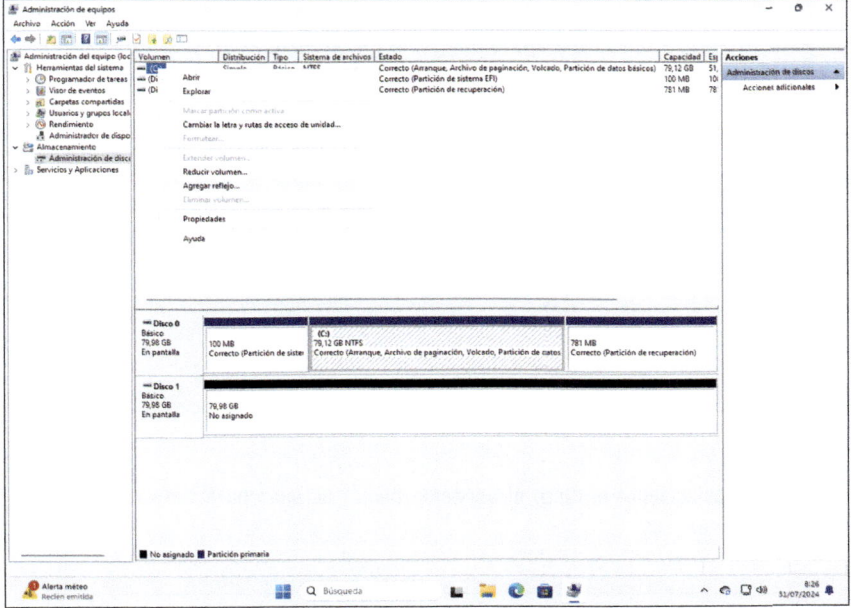

Aparecerá una pantalla como la siguiente. Seleccionar el disco donde se creará el reflejo.

Continúa en página siguiente >>

<< Viene de página anterior

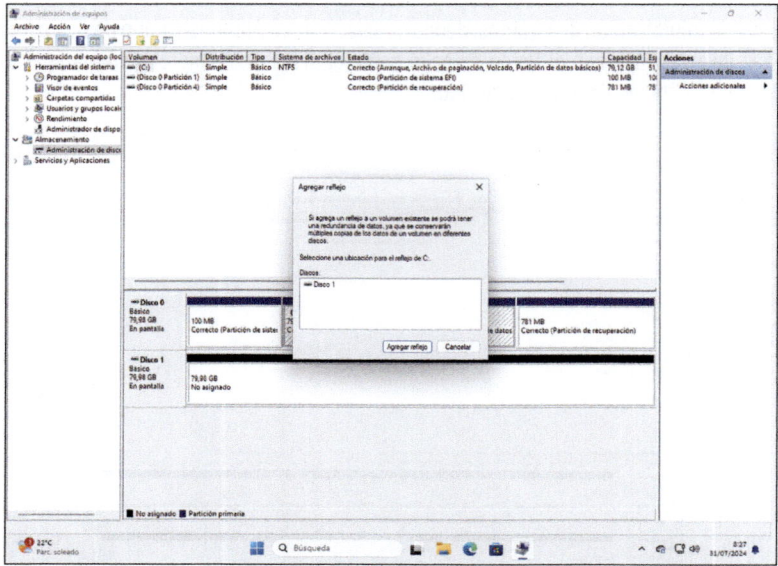

Después de seleccionar el disco el asistente pedirá permiso para convertir los discos básicos en dinámicos.

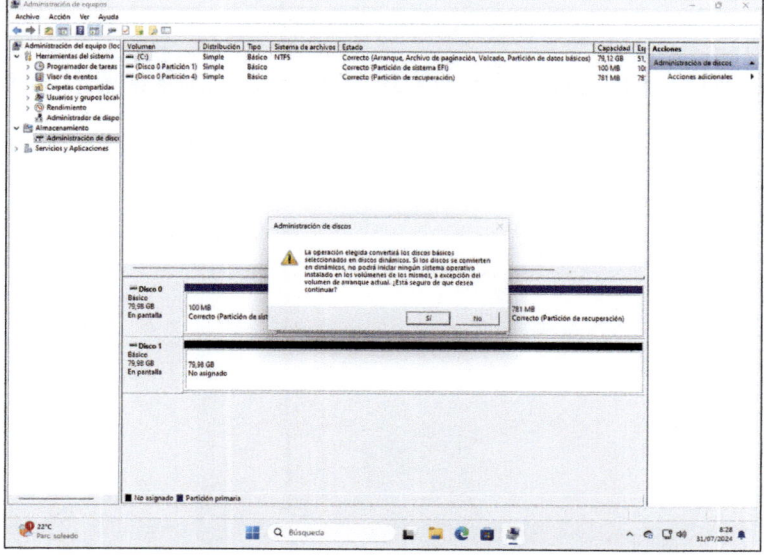

Continúa en página siguiente >>

<< Viene de página anterior

Cuando se acepte la operación, el proceso comenzará y sincronizará los dos discos; una vez finalizado se mostrará los discos sincronizados y con el mismo contenido.

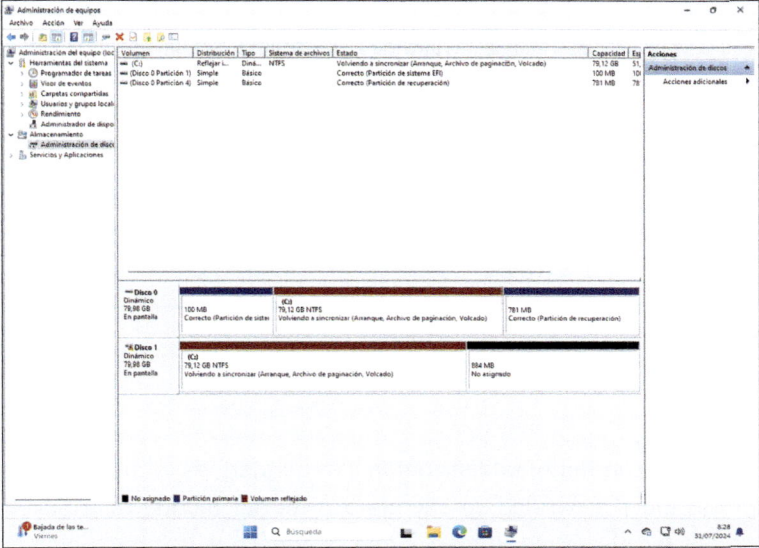

Ejemplo

Creación de RAID 1 por *software* en *Linux*.

Partiendo de la base de disponer de dos discos instalados en el equipo con el mismo tamaño, se comenzará la instalación de RAID 1, la cual copia el contenido de un disco "a" a otro disco "b".

Lo primero que debe hacer es instalar el paquete "mdadm", que es el encargado de RAID *software,* con el comando **sudo apt-get install mdadm**; además, con este paquete se instalará "postfix", el cual informará por correo en caso de que el RAID falle.

Continúa en página siguiente >>

Una vez instalado el paquete, ejecute el comando **mdadm –create /dev/md0 –level=1-raid-devices=2/dev/sdb/dev/sdc**, donde **/dev/md0** es el nombre que se le da al dispositivo RAID, **-level=1** será el nivel de RAID, **-raid-devices=2** indica el número de dispositivos que componen el RAID y **/dev/sdb y /dev/sdc** serán la especificación de los dispositivos que formarán el RAID en este caso.

En caso de no disponer de un formato dado en los discos que conforman el RAID, debe realizarlo con la sentencia **sudo mkfs.ext4 /dev/md0,** en este caso se le da formato ext4 al RAID.

Ya solo debe montar el dispositivo donde elija con el comando **sudo mount –t ext4 /dev/md0 /media/raid**. En este caso se ha montado en el directorio /media/raid, que se ha creado anteriormente con la sentencia **mkdir/media/raid**.

Una vez realizado esto, el RAID se encarga de hacer la duplicación de archivos.

RAID 5

Llamado también distribuido con paridad, es el nivel de RAID más utilizado. La paridad se calcula a nivel del bloque distribuyéndolo a todos los discos excepto en el que se almacena la información original, donde no se necesita un disco de paridad dedicado. El RAID 5 es el nivel más completo a nivel de redundancia, ya que si un disco falla la información de paridad contenida en los otros permite la reconstrucción de toda la información. El RAID de nivel 5 es muy parecido al RAID nivel 4, excepto que la paridad no es exclusiva de un solo disco, sino que se distribuye por el conjunto de discos, esto hace que la escritura de datos sea más rápida. Por cada disco se guardan datos y una paridad, esto implica que cada disco puede satisfacer demanda independiente con los demás discos, además soporta varias operaciones de escritura ya que los datos pueden escribirse en un disco y la paridad en otro. Para su funcionamiento se requiere un mínimo de tres unidades de discos y un máximo de n-1 discos, siendo n el número total de discos, que es el espacio utilizable en un clúster, por esto se recomienda contar con un gran número de unidades para sacar el máximo partido a RAID 5.

**RAID 5, siendo Ap, Bp, Cp y DP las particiones
del disco dedicadas a la paridad**

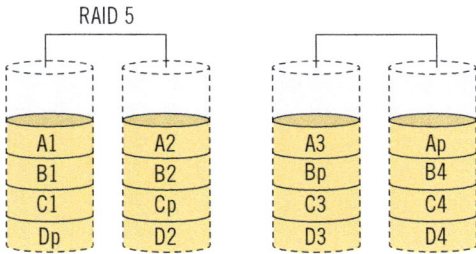

RAID 5

 **Actividades**

12. Señale qué tipo de RAID debe elegir si se quiere tener la información por duplicado, y en qué consiste este tipo de RAID y cuáles son sus ventajas y desventajas.

RAID 6

Este nivel no es uno de los originales, sino que se considera una ampliación del RAID de nivel 5, añadiendo otro bloque de paridad. Divide los datos a nivel de bloques y distribuye los dos bloques de paridad entre todos los discos del RAID, esto lo que implica es que podría recuperarse de un fallo de dos discos. La capacidad de datos de RAID 6 es n-2, siendo "n" el número total de discos del conjunto. El mínimo es de cuatro unidades de disco, siendo más eficiente cuanto mayor sea el número de dispositivos. Este nivel de RAID no es muy usado por su alto coste, ya que las controladoras que soportan esta doble paridad son más complejas y caras que la de otros niveles de RAID.

RAID 6 usa doble banda de paridad (p,q) y como mínimo
necesita cuatro discos para tolerar fallos de dos discos

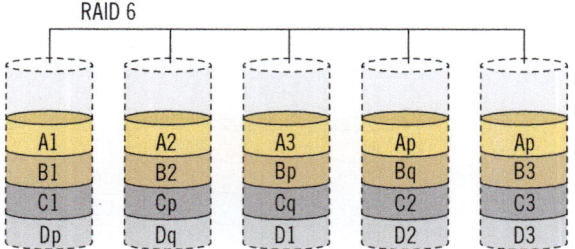

13. En RAID de nivel 6, comente cuántas unidades de disco se debe tener para su correcto
    funcionamiento y cuál es su disposición.
14. Entre RAID 4 y RAID 5, señale cuál elegiría y por qué.

4.7. Aplicación práctica

Usted es el encargado informático de una pyme que se dedica a la captación de clientes para una aseguradora, y desea montar un sistema donde tener los datos más seguros y accesibles. Debe reunirse con el director para debatir cuál sería la mejor opción, en este caso un sistema de RAID, según las necesidades y la situación de la empresa. Debe exponer los pros y contras de los distintos niveles de RAID y elegir el nivel atendiendo a la naturaleza de la actividad realizada por la empresa, captar usuarios y añadirlos al sistema, teniendo un alto volumen de escritura. Cabe destacar que sería recomendable un sistema donde no se perdieran datos ni tiempo a la hora de seguir con la actividad.

Datos: dispone de *Windows Server 2022* como sistema operativo en el servidor y 3 TB de capacidad en disco duro.

Solución

El nivel 1 de RAID es más sencillo para la reconstrucción ya que tiene otro disco de las mismas características que el disco que falla, pero el gasto sería mayor al deber tener por duplicado la información. Si un disco fallara se podría proseguir con la actividad sin problema alguno y no cortar el proceso de trabajo.

El RAID de nivel 0 se utiliza en aplicaciones de alto rendimiento, donde la seguridad de datos no es crítica, ya que carece de sistemas de redundancia.

Los niveles de RAID 2 y 4 se han visto mejorados en los niveles 3 y 5, así que quedarán descartados.

Entre el nivel 3 y 5, la diferencia es que el nivel 3 al tener distribución de datos en bits es inferior a la distribución de bloques del nivel 5, ya que esta es más rápida a la hora de trasmitir los datos.

El nivel 1de RAID ofrece un mejor rendimiento a la hora de escribir datos. Por otro lado, el nivel 5 es la mejor opción si se usan aplicaciones en las que se leen datos con mayor frecuencia y no se escriben con la misma asiduidad.

Tras saber los pros y los contras, debe decidir qué tipo de implantación RAID va a llevar a cabo en la empresa. Al ser la empresa una captadora de clientes, el volumen de escritura en el sistema para guardar a los clientes es relativamente alto, así que deberá implementar el RAID de nivel 1 teniendo en cuenta que la capacidad del disco duro es grande, 3 TB.

Sobre **Mi PC** con el botón derecho elija **Administrar -> Administración de discos,** y seleccione el disco donde alojará el sistema operativo. Con el botón derecho escoja la opción de **Agregar reflejo** y acepte en el disco donde se creará este reflejo, iniciará una ventana que pedirá permiso para convertir los discos en dinámicos, y cuando se acepte el mensaje comenzará el proceso de sincronización de discos.

Al iniciar el sistema aparecerá una ventana donde se dirá desde qué disco se quiere iniciar, esto resulta útil por si algún disco resulta dañado, para iniciar desde el disco sano.

5. Análisis de las políticas de salvaguarda

Hasta que aparecieron los sistemas informáticos, toda la información de interés de una empresa se guardaba en papel y se almacenaba en ficheros, con todo lo que esto conlleva respecto a espacio, traslado y uso y procesado de la información almacenada. Los sistemas informáticos ya permiten la digitalización de todos esos documentos en papel guardados en ficheros, ahorrando espacio y facilitando su rapidez de procesado.

Al surgir los sistemas informáticos también apareció la inseguridad de estos, poder perder la información, la modificación de información por parte de la persona equivocada, etc. A medida que el tiempo ha ido pasando, las tecnologías han ido evolucionando y las técnicas en seguridad han tenido que ir adaptándose a los nuevos requerimientos; mientras más complejos son los ataques a la seguridad, más compleja es la solución.

Según la ISO *(International Organization for Standardization)* y IEC *(International Electrotechnical Commission)* la seguridad informática:

> *[...] Consiste en la implantación de un conjunto de medidas técnicas destinadas a preservar la confidencialidad, integridad y la disponibilidad de la información, pudiendo además abarcar otras propiedades, como la autenticidad, la responsabilidad, la fiabilidad y el no repudio.*

 Nota

IEC es un organismo de normalización en lo referente a los campos eléctrico y electrónico, nacido en 1906, que se complementa con las normas ISO.

Hablar de seguridad informática en un término absoluto es prácticamente imposible, ya que ningún sistema informático llega a ser 100 % seguro, más bien se habla de fiabilidad del sistema. Un sistema es fiable cuando este se comporta tal y como se esperaba de él.

La fiabilidad de un sistema se puede basar en tres grandes características:

- **Confidencialidad:** acceso a los datos de manera controlada y por autorización. Previene la difusión de información no autorizada, manteniendo en secreto u oculta dicha información.
- **Integridad:** modificación de la información mediante permisos y autorización. Hace referencia a la integridad de los datos, al volumen de la información y la integridad del origen, en concreto a la autenticación.
- **Disponibilidad:** se debe acceder a la información del sistema mediante una autorización. El objetivo de la disponibilidad es prevenir irrupciones no autorizadas o no controladas al sistema.

La seguridad de un sistema informático es un cómputo equilibrado de estas tres características. No se debe conseguir conficencialidad para un archivo si para ello hay que denegar el acceso al administrador, se estaría negando la disponibilidad.

 Actividades

15. Averigüe si es posible hablar de seguridad absoluta en un sistema informático, por muchas medidas de seguridad que se tomen. Señale qué término sería el idóneo para hacer referencia a que un sistema trabaja tal y como se espera.
16. Defina las características de fiabilidad.

5.1. Definición de política de seguridad

Para definir las políticas de seguridad, lo primero que se debe hacer es un análisis de las posibles amenazas que puede sufrir un sistema informático, un estudio de las pérdidas que podrían suponer esos ataques y otro estudio valorando la posibilidades que hay de que un ataque ocurra.

Una vez hecho este estudio, hay que definir la política de seguridad donde se declaren responsabilidades y las reglas a seguir para evitar los ataques, o que estos produzcan el menor daño si ocurren.

La política de seguridad se plasma en un documento sencillo donde se definan las directrices organizativas referentes a seguridad.

Se puede hacer una clasificación de los mecanismos de seguridad en tres grupos:

- **Prevención.** Evitan posibles desviaciones respecto a la política de seguridad acordada. Por ejemplo, usar el cifrado de datos en una trasmisión. Existen varios procesos de prevención:

    - **Mecanismo de identificación e autenticación.** Identifica de forma única a cualquier entidad que use el sistema. Una vez identificada la entidad, pasa a ser autenticada y se comprueba que es la entidad que dice ser. Cuando pasa estos dos filtros la entidad identificada puede ya usar el sistema. Estos dos filtros de identificación y autenticación de usuarios son los más usados.
    - **Mecanismo de control de acceso.** Cualquier objeto del sistema, archivos, datos, directorios, etc., debe estar dotado de algún proceso de control de acceso para cualquier entidad del sistema.
    - **Mecanismo de separación.** Hay que separar los archivos dentro de cada nivel si el sistema dispone de diferentes niveles de seguridad. Hay varios mecanismos de separación, como separación física, lógica, de fragmentación y criptográfica.
    - **Mecanismos de seguridad en la comunicación.** La información que navega a través de la red es altamente peligrosa y llamativa para

ataques, por eso se deben usar protocolos seguros que cifren el tráfico por la red.

- **Detección.** Detecta las agresiones o intentos de agresión a la seguridad del sistema.
- **Recuperación.** Al detectar un ataque al sistema, este debe recuperar su estado normal. Para conseguir devolver al sistema a su estado óptimo se pueden utilizar las copias de seguridad.

5.2. Vulnerabilidades que podrían afectar al sistema

Las vulnerabilidades de los sistemas informáticos se pueden clasificar según su:

- **Diseño:** donde los protocolos de seguridad establecidos son débiles, y carecen o son deficientes las políticas de seguridad.
- **Implementación:** el *software* del que se dispone tiene errores de programación o no se está usando correctamente; también se debe tener en cuenta el no facilitar las "puertas traseras" en los sistemas de la organización.
- **Uso:** se debe tener en cuenta la correcta configuración de los sistemas, el correcto uso tanto de programas como de la red interna y no se debe tener herramientas en el sistema que faciliten los ataques al mismo.

 Nota

La puerta trasera, o *backdoor* en inglés, permite el control del equipo por medio de código de programación implementado en una aplicación o un pequeño programa que permite su control, evitando la autentificación para acceder al equipo. La puerta trasera puede tener un fin dañino, pero también se implementa este código para tener acceso secreto, sin el fin de crear un incidente en el sistema.

Las vulnerabilidades se definen como cualquier debilidad que pueda comprometer la seguridad del sistema informático de la empresa.

Hay una serie de vulnerabilidades denominadas como vulnerabilidades conocidas, como pueden ser:

- **Vulnerabilidad de desbordamiento de *buffer.*** Esto ocurre cuando un programa no controla la cantidad de datos que se manejan en el *buffer* de datos y sobrepasa la capacidad del *buffer.*
- **Vulnerabilidad de condición de carrera.** Sucede cuando varios procesos acceden al mismo tiempo al mismo recurso; si esto sucede puede ser que una variable cambie su estado y el valor obtenido no sea el esperado.
- **Vulnerabilidad XSS.** Se da en aplicaciones web que permiten insertar código, *script*, en las páginas web, llegando a producir entre otros ataques el llamado *phising*, el cual envía al atacante las credenciales del usuario cuando este cree que está accediendo de manera correcta a la web.
- **Vulnerabilidad de denegación de servicio.** Hace que un recurso no esté disponible para un usuario. Se pierde la conexión a la red por parte del usuario.
- **Vulnerabilidad de ventanas engañosas.** Ventanas de publicidad donde se ofrece algo al usuario a modo de premio, donde se busca que el usuario acceda a la web y envíe información para ser usada.

Nota

Existen webs donde se indican a modo de tabla el número de vulnerabilidades que se detectan al año, como: <http:// www.cert.org/stats>.

5.3. Documento de política de seguridad

Una empresa debe tener un documento perfectamente elaborado sobre el tema de política de seguridad, siendo puesto a disposición de todos los empleados.

El documento no deberá ser detallado en exceso pero tampoco tiene que ser una declaración de intenciones, su cometido entre los usuarios es que sea entendido y conseguir un compromiso.

Las políticas deben contener las prácticas adoptadas por la empresa, debiendo ser revisadas cada cierto tiempo, y si es necesario ir actualizándolas.

Para constituir una política de seguridad completa esta deben cumplir la siguiente normativa:

- Debe definir qué es la seguridad de la información, cuáles son sus objetivos principales y la importancia en la organización.
- Establecer responsabilidades respecto a la seguridad de la información.
- Definir la filosofía a seguir respecto al acceso a los datos, archivos, etc.
- Compromiso a cumplir de todos los usuarios, en especial de los altos cargos.
- Establecer la base para diseñar las normas y los procedimientos referidos a:

  - Administración de los equipos.
  - Prevención y detección de los virus.
  - Seguridad física y en el ambiente de trabajo.
  - Seguridad de las personas.
  - Clasificación y control de los datos almacenados.
  - Organización de la seguridad.

A partir de todo esto se podrán desarrollar las normas y más adelante los procedimientos de seguridad a realizar. Además, los empleados deberán aprender unas reglas básicas a seguir a través de alguna sesión explicativa.

La implantación requiere tanto la aplicación práctica de las normas acordadas a la hora de imponer los mecanismos de seguridad, vistos anteriormente, como un cumplimiento por parte de los empleados, los cuales han sido formados e informados sobre las normas y pasos a seguir.

Las áreas a cubrir por la seguridad de la empresa podrían ser:

- Sistema actualizado con las últimas versiones o paquetes de actualizaciones.
- Plan de recuperación de algún ataque.
- Calendarización adecuada de copias de seguridad.
- Mecanismo de seguridad física y lógica que se adapte al plan de la empresa y a los usuarios.

Esquema de implantación de una política de seguridad en un sistema

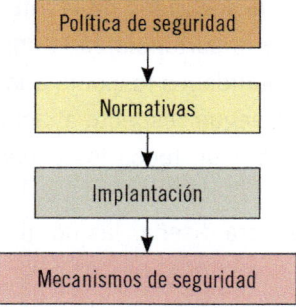

 Nota

El activo más importante para una empresa son los datos que almacena en sus sistemas, y deben seguir una política de copias de seguridad y cumplir con el calendario establecido para realizar las copias de seguridad.

6. Los puntos únicos de fallo, concepto e identificación

Un punto único de fallo, *single point of failure* o SPOF, es un componente de un sistema informático que tras un fallo en su propio funcionamiento desencadena un fallo general en el propio sistema informático, dejándolo parado. Un SPOF puede ser tanto un componente *hardware, software* o eléctrico. Para evitar un SPOF en el sistema, todos los componentes suelen ser redundados conformando así un sistema de alta disponibilidad, garantizando el correcto funcionamiento aun en caso de que alguno de sus componentes falle. Se debe evaluar en un sistema e identificar los componentes más propensos a provocar un fallo en este. Los grandes sistemas no deberían arriesgar a que ningún componente altere el funcionamiento normal de una empresa. Al acceder a una aplicación de un servidor desde un ordenador que pertenece a la red, si la aplicación solicitada no puede ser abierta, esto provocaría un bloqueo en el uso normal del sistema, llegando incluso a que otro trabajador que sí que tenía acceso a esta aplicación pierda los datos con los que estaba trabajando al quedar bloqueada la aplicación. Para evitar esta situación sería ideal el uso de un clúster, donde si fallara la aplicación en el servidor original se inicie otro nodo del clúster (otro servidor) con la aplicación para seguir con el funcionamiento normal y así evitar un SPOF.

Otro ejemplo claro donde poder evitar un SPOF es si un conjunto de equipos están conectados a un mismo *switch*, y este pudiera quedar desconectado de la toma de corriente o simplemente fallara la conexión, se tendría un error que haría estar parado a todo el equipo de trabajadores conectado a ese punto de acceso a la red. Para evitar esto se usarían *switch* redundantes y otras conexiones a la red.

 Definición

---

Componentes redundantes
Son los componentes *hardware* o los datos del sistema que se les da una mayor importancia que a los demás y por ello se quiere asegurar su integridad en caso de fallo. Son copias o réplicas de los originales.

Identificación

El responsable de estas tareas deberá comprobar el diseño de la infraestructura o realizar una auditoría a fondo del sistema e identificar los puntos únicos de fallo y valorar, según la dimensión de la empresa, si corregir o no esos puntos únicos de fallo, debido a que deberán hacer un desembolso adicional de clústeres, interfaces de red, etc. Si la decisión es combatir los puntos de acceso, los componentes utilizados para eliminar los SPOF deben ser muy fiables, ya que el desarrollo normal de la actividad depende de ello.

Sistema donde el *router* se podría comportar como SPOF

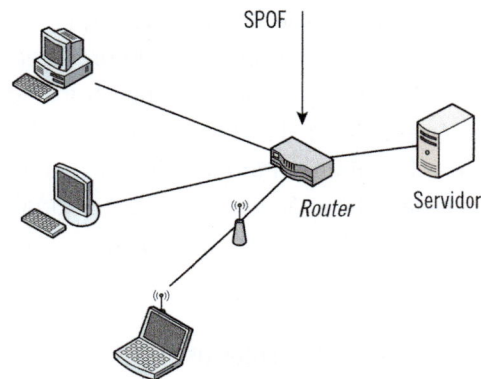

 Actividades

17. Defina los pasos necesarios para realizar un documento de política de seguridad para una empresa genérica.
18. Tras una búsqueda en Internet, diga al menos tres componentes candidatos a ser SPOF.

7. Tipos de copias de seguridad y calendarización de copias

Las copias de seguridad o *backup* se realizan con el fin de tener una copia fiel de los datos originales de un sistema y tener disponibilidad para recuperarlos en caso de producirse pérdidas, ya sean desastres naturales que no se pueden evitar o amenazas humanas, clasificadas en maliciosas, que engloban agentes tanto externos como internos, como podrían ser los virus informáticos o archivos corrompidos, o las no maliciosas, que normalmente son usuarios ignorantes o usuarios bien intencionados que eliminan datos accidentalmente.

 Importante

A la hora de decidir si hacer o no copias de seguridad y planear un calendario de copias, la empresa debe determinar si la información que alberga en su sistema es lo suficientemente importante e interesante como para llevar a cabo este proceso.

Por todo esto se deben configurar mecanismos de copia de seguridad para garantizar que los datos estén siempre disponibles. Las copias de seguridad no serían útiles sin sistemas de restauración de datos, cuyo cometido es leer y escribir en la ubicación original o en otra alternativa los datos guardados en la copia. El mecanismo diseñado para la copia de seguridad es fundamental que este hecho de forma que asegure la continuidad y recuperación de los datos de una empresa sin interrupciones.

El mecanismo de copia de seguridad está definido por los siguientes factores:

- Frecuencia con que se realiza la copia.
- Método que se va a seguir para dicha copia.
- Qué plan de recuperación de desastres se va a seguir para restablecer el funcionamiento cotidiano en caso de problema.

7.1. Tipos

Los tipos de copia de seguridad son:

- **Copia de seguridad completa:** se realizará una copia exacta de los datos en un medio aparte. Al copiar todos los datos, la copia de seguridad completa puede llegar a ser lenta, además de necesitar grandes dispositivos de almacenamiento, por tanto costosos. Este tipo de copia se suele realizar una vez a la semana o al mes.
- **Copia de seguridad incremental:** este tipo de copia de seguridad es la más avanzada ya que solo copia los ficheros creados o modificados desde la última copia, ya sea hecha tipo completa o incremental, reduciendo de esta manera la cantidad de datos a copiar. Por otro lado, para restaurar la copia de seguridad completa se necesita contar con las copias anteriores.
- **Copia de seguridad diferencial:** este tipo de copia de seguridad copia los archivos que han sido creados o modificados, mirando la fecha de modificación de los archivos desde la última copia de seguridad a modo completo y en algunos casos desde la última copia a modo incremental. Este tipo de copiado es más lento y costoso en cuanto al almacenamiento que la copia incremental, al tomar una marca fija en el tiempo.
- **Copia de seguridad delta:** básicamente es una copia de seguridad incremental de los datos pero con gran cantidad de detalle de estos. Se guardan bloques de datos en lugar de archivos individuales.

Esquema de copia de seguridad incremental

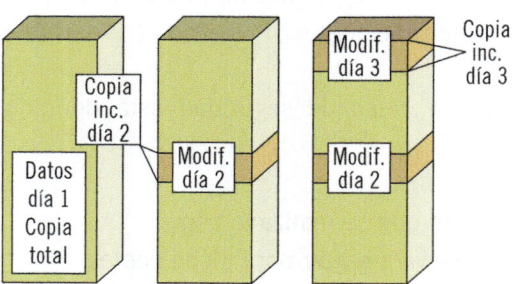

 **Nota**

Unos años atrás, las copias de seguridad se realizaban en cintas magnéticas; hoy en día, con el abaratamiento de los discos, se utilizan discos externos.

Se debe tener resuelto el problema de la planificación de cada cuánto tiempo se va a hacer una copia de seguridad. Esto va a depender de la importancia que se le dé a la información que se almacene en el equipo y del mayor o menor movimiento que se realice de los datos.

Si se realizan copias de archivos casi sin movimiento o guardar históricos, se está copiando una y otra vez los mismos datos, pero, sin embargo, si se hacen copias con demasiada poca frecuencia se corre el riesgo de perder la información. Lo ideal es llegar a un consenso para la periodicidad de realizar las copias de seguridad, espacio disponible para las copias y tiempo que se dedique para esta función.

7.2. Calendarización de copias

Una vez se hayan evaluado en menor o mayor importancia los datos, se debe saber con qué frecuencia se actualizarán las copias. A los archivos que cambien o sean modificados normalmente, se realizarán las copias de seguridad con más frecuencia, en cambio, con los archivos que no suelan modificarse los *backups* serán menos frecuentes.

Para empresas que a diario realizan compras/ventas, facturación, etc., se recomienda realizar copias completas una vez al mes (el primer día del mes, al final de la jornada laboral), y copias incrementales a diario (una vez completada la jornada de trabajo) desde la copia hecha el día anterior, al igual que tener copias diferenciales cada semana, normalmente a final de la semana y al final de la jornada laboral del último día, desde la copia realizada el primer día del mes. Todas estas copias es recomendable realizarlas en dispositivos extraíbles.

También se recomienda tener la última copia completa en otro lugar distinto donde se alojan los equipos, ya que si ocurriese algún desastre que esté fuera de alcance se puedan recuperar buena parte de los datos.

 ## Recuerde

El devenir de una empresa depende en gran medida de los datos que hayan sido salvaguardados, ya que si se sufre un incidente natural o humano se pueda usar dicha copia para restaurar los datos y seguir con el desarrollo de la actividad profesional de la forma más cómoda posible hasta que el problema quede totalmente subsanado.

 ## Actividades

19. Averigüe por qué se recomienda realizar las copias de seguridad en dispositivos externos.
20. Señale cuál es la diferencia entre copia de seguridad diferencial e incremental.

 ## Aplicación práctica

Usted es el encargado de seguridad informática de una empresa de gran tamaño donde diariamente se realizan procesos de compra, ventas, etc. Defina el plan a seguir para realizar las copias de seguridad y calendarización de copias, sabiendo que la jornada de trabajo finaliza a las 22:00 horas.

SOLUCIÓN

Al ser una gran empresa, el sistema de copias de seguridad debe ser mixto, donde las tareas a seguir serían las siguientes:

Continúa en página siguiente >>

<< Viene de página anterior

I Los días 1 de cada mes, a las 22:00 horas, se realizará una copia de seguridad completa, en un dispositivo externo.

I Los viernes de cada semana, a las 22:00 horas, se realizará una copia de seguridad diferencial desde la copia del día 1, en un dispositivo externo.

I A diario, excepto los días 1 de cada mes y los viernes de cada semana, a las 22:00 horas se realizará una copia incremental desde la copia del día anterior, en un dispositivo externo.

I Al disponer de una planificación así se asegura tener una copia de seguridad diaria, y en caso de desastre se recuperaría la copia de seguridad completa, la última copia diferencial y todas las incrementales desde la última diferencial.

8. Salvaguarda física y lógica

En el campo de la informática, la seguridad es muy importante al igual que propensa a tener fallos e irregularidades; para evitar estos errores, intencionados o no, se trabaja para salvaguardar tanto la parte lógica como física del sistema informático.

En el diseño de los sistemas informáticos se le presta normalmente menos atención a la seguridad física, siendo esta tan importante como la lógica.

La seguridad física consiste en la aplicación de una serie de medidas que salvaguardan el sistema, como barreras físicas y mecanismos de control alrededor del sistema informático para la protección del *hardware* de amenazas físicas, que solo permitan el acceso al personal autorizado. Las principales amenazas que se prevén en seguridad física son:

■ Desastres naturales, incendios, inundaciones, tormentas, etc.
■ Desastres ocasionados por el hombre involuntariamente.
■ Acciones hostiles como robos, sabotajes o fraudes.

Para evitar este tipo de desastres hay que tomar medidas como:

■ Cerrar con llave habitáculos donde estén instalados los servidores que cumplen el desarrollo normal del negocio.

- Instalar extintores como medida de precaución contra incendios.
- Instalaciones de cámaras de seguridad y revisiones periódicas del sistema eléctrico, ventilación, etc.
- Utilización de anclajes para elementos críticos del sistema y así evitar caídas.

La seguridad lógica se encarga de salvaguardar archivos, programas, etc., la parte no tangible del sistema. La mayoría de incidencias respecto a la salvaguarda se dan en relación a la seguridad lógica, contra la información que almacena y procesa el sistema.

La seguridad lógica tiene como objetivo:

- Restringir el acceso a los programas y archivos a usuarios autorizados mediante permisos y claves.
- Limitar a usuarios en el sistema. No dar más permisos de los necesarios a un usuario si no los necesita para desempeñar su trabajo.
- Asegurar que los programas y archivos que se emplean son los correctos y se usan de manera acertada, ya que si no fuera así podrían generar agujeros en la seguridad.
- Control de flujos de entrada/salida. La información que se envíe que llegue al destino deseado y que lo haga tal cual, sin modificaciones.

 Nota

El denominado basureo es un tipo de amenaza lógica por parte del personal de la empresa, ya que el punto más débil de un sistema informático son las personas. El basureo consiste en obtener información que se deja alrededor de un sistema informático.

Las amenazas lógicas comprenden una serie de programas que dañan el sistema informático. Dichos programas han podido ser creados de manera intencionada, como son los *malwares*, o por errores de programación, *bugs*.

Algunas amenazas lógicas son, por ejemplo, *software* incorrecto. Es el cual tiene *bugs* y estos errores de programación son aprovechados para atacar al sistema. *Spoofing* consiste en suplantar identidades. Bombas lógicas son partes de código del programa que no se ejecutan hasta que se cumpla una condición, la función que se activa no está relacionada con el funcionamiento del programa.

El carecer de seguridad lógica conlleva a la empresa a arriesgarse a que sufra copias de programas o información, códigos ocultos en programas, virus, etc. La seguridad lógica puede evitar una pérdida de registros y ayuda a conocer en el momento que se produce algún tipo de cambio o irregularidad en el sistema.

8.1. Niveles de seguridad informática

En informática existen los denominados niveles de seguridad informática, y llegar al máximo nivel de seguridad implica cumplir todos los niveles de seguridad anteriores:

- **Nivel D:** este nivel se le atribuye a los sistemas que han sido evaluados y no cumplen con ninguna especificación básica detallada por los organismos que han desarrollado los estándares, como son ITSEC/ITSEM y más tarde, a nivel internacional, como ISO/IEC.
- **Nivel C1, protección discrecional:** este nivel requiere la identificación de los usuarios para poder acceder a la información del sistema. Está estipulada la identificación de usuarios y administrador, que tiene el control total sobre los demás usuarios. Este nivel además de discriminar usuarios a la hora de acceder o no al sistema también impone una serie de permisos a archivos, carpetas, etc., donde solo accederán usuarios con permisos.
- **Nivel C2, protección de acceso controlado:** mejora al nivel superior C1, donde cuenta con nuevas características a la hora de controlar el acceso de usuario a los diferentes recursos del sistema, llevando el número de accesos fallidos por usuario a dichos recursos. Este nivel requiere que se realicen auditorías para controlar las acciones relacionadas con la seguridad del sistema, accedido por usuarios y administrador. En este

nivel hay usuarios con permisos para realizar tareas de administración de sistema sin llegar a ser administradores, lo que conlleva cierta responsabilidad a los usuarios.

■ **Nivel B1, seguridad etiquetada:** a cada integrante del sistema, ya sea usuario, dato, etc., se le asigna una identificación o etiqueta, con un determinado nivel de seguridad (reservado, alto secreto, etc.), con unas determinadas categorías dadas por el negocio empresarial; esto quiere decir que cada objeto tiene su usuario y viceversa.

■ **Nivel B2, protección estructurada:** se estructuran los objetos del sistema en rangos, estableciendo qué objetos dependen de otros, de padre a hijo. Objetos de distintos niveles se comunican, como, por ejemplo, usuarios que acceden a una unidad de disco que almacena objetos con distintos niveles de seguridad.

■ **Nivel B3, dominios de seguridad:** este nivel impone un *hardware* de seguridad, impidiendo la modificación de objetos si no se dispone de los permisos establecidos, creando rutas seguras en la comunicación del objeto solicitado por el usuario.

■ **Nivel A, protección verificada:** es el nivel más elevado, por tanto incluye todos los anteriores, incorporando procesos de diseño, verificación y control por medio de métodos matemáticos, asegurando así los procesos que un usuario realiza en un sistema.

9. Salvaguarda a nivel de bloque y fichero

La salvaguarda de archivos a nivel de bloque se puede definir como el proceso que revisa los datos que han cambiado en el sistema y los "rompe" en pequeños bloques de información. Estos bloques normalmente oscilan entre 1 y 32 KB de tamaño. Mediante un chequeo, se compara cada bloque del archivo modificado con el mismo bloque de la versión anterior, y si se detecta alguna diferencia ese bloque queda copiado. Al finalizar se obtiene un conjunto de bloques, los cuales han sufrido modificaciones, donde su tamaño es inferior al del conjunto de archivos modificados.

El archivo resultante tendrá mayor tamaño del que debería, ya que se copian los bloques enteros, incluso si la modificación no ha afectado al bloque por completo.

El modelo de copia de seguridad Delta es el indicado para realizar las copias de seguridad justo después de su creación o modificación. Se le conoce como copia de seguridad en tiempo real o protección de datos continua.

Las principales ventajas son la alta velocidad y el poco uso de espacio en almacenamiento. El inconveniente radica en el largo tiempo que se dedica a la recuperación de información, ya que los archivos tienen que ser reconstruidos a partir de los bloques en los cuales han sido divididos.

Los *backups* a nivel de archivo o fichero copian el archivo por completo incluso si este cambia su estructura mínimamente. Si los archivos copiados fueran de poco tamaño no habría inconveniente al realizar este tipo de copia, pero el problema surge en archivos de gran tamaño, como son las bases de datos, que originan una copia completa de la base de datos por mínimo que sea el cambio; esto conlleva un gran desaprovechamiento de recursos.

9.1. Conceptos de alta disponibilidad

La disponibilidad es una característica de una estructura empresarial midiendo el grado en que los recursos del sistema están disponibles para los usuarios en un determinado tiempo. Además de relacionar la disponibilidad con las caídas del sistema, *downtime* y *offline,* también se puede vincular con cualquier situación que impida trabajar adecuadamente al usuario con el sistema, como tiempos de respuesta demasiado largos, falta de estaciones de trabajo, etc., que se consideran características de baja disponibilidad.

 Importante

Downtime se refiere a cuando el sistema no está disponible durante determinado tiempo; y *offline,* cuando el sistema está totalmente fuera de línea, ya sea porque esté apagado o sin conexión a la red.

Para medir la disponibilidad, lo primero que se debe estipular en un acuerdo de nivel de servicio es cuánto tiempo y en qué horarios debe estar disponible el servicio. Para el cálculo de la disponibilidad se usa la siguiente ecuación matemática:

Disponibilidad = ((A-B)/A) x 100.

Donde "A" son las horas comprometidas de disponibilidad, calculando (número de horas disponible) x (días disponibles), y "B" indica el número de horas que el sistema estará fuera de línea. Hay que tener en cuenta el tiempo que fallará el sistema de forma no planeada y el tiempo que estará fuera de servicio debido a mantenimiento.

Hay que tener en cuenta que la disponibilidad no es sinónimo de funcionamiento, ya que un sistema puede estar en correcto funcionamiento pero no disponible por un fallo en la red.

Para poder llegar a la alta disponibilidad, hay que tener en cuenta una serie de pasos:

1. Crear un plan eficaz y eficiente para hacer frente a las situaciones que disminuyen la disponibilidad del sistema.
2. Analizar y comprender el sistema como un todo y cómo cada componente individual afecta a la disponibilidad del sistema.
3. Identificar los componentes más críticos. No importa el componente por insignificante que parezca pero puede ser que tenga una gran importancia en el desarrollo de la disponibilidad.
4. Una vez controlados los componentes más críticos se puede buscar la solución para mejorar la fiabilidad, administración, etc. del sistema.

Para que la disponibilidad del sistema sea lo más segura posible, se debe estar seguro de que el mismo sistema sea fiable y que su uso se dé en condiciones óptimas. Cuando el servicio no funciona correctamente, se puede clasificar en dos estados: apropiado e inapropiado. Si tiene lugar un fallo hay que mirar si este se ha producido de manera local o realmente se debe a un error del servicio; no todos los errores indican a que se dé en el servicio.

Para limitar los fallos del servicio se pueden tomar varias medidas, como:

- Prevención de errores, anticipándose a ellos.
- Tolerancia a errores, presentando un servicio apto mediante redundancias.
- Eliminación de errores por medio de acciones correctivas.
- Predicción de errores, los cuales se pueden subsanar anticipando el posible impacto sobre el servicio.

Recuerde

Para conseguir la alta disponibilidad se deben cumplir cuatro puntos: tener un plan eficaz y eficiente en situaciones donde la disponibilidad disminuya, analizar y comprender el sistema como un todo, identificar los componentes más críticos y, por último, buscar una solución para dar mayor fiabilidad al sistema.

Aplicación práctica

Usted es el encargado de mantener un sistema de un cajero automático, el cual se encuentra dentro de una oficina. Debe tener en cuenta que el horario de oficina de los bancos es de lunes a viernes, desde las 8:00 horas de la mañana hasta las 14:00 de la tarde, y que se da servicio durante todo el año. También debe saber que el servicio quedará parado por un tiempo de 15 horas al año por mantenimiento. Calcule la disponibilidad que debe dar este servicio.

SOLUCIÓN

Primero debe calcular el número de horas que estará activo el servicio durante todo el año.

El número de horas de trabajo de la oficina es de 6 al día durante 5 días a la semana, en 4 semanas que tiene un mes. Por tanto, el cálculo sería:

Continúa en página siguiente >>

<< Viene de página anterior

6 horas x 5 días x 4 semanas x 12 meses = 1.440 horas al año.

La fórmula para calcular la disponibilidad es:
Disponibilidad = ((A-B)/A) x 100.
Donde "A" es el número de horas al año dando servicio y "B2 es el número de horas que esta fuera de servicio al año.

El resultado de la ecuación sería:
Disponibilidad = ((1440 - 15) / 1440 x 100 = 98,96 %.

El sistema tiene una disponibilidad total de 98,96 % de las horas activa.

9.2. Diferencias entre clúster, grid y balanceo de carga

Hay varias técnicas que intentan asegurar la disponibilidad de los sistemas, estos son los sistemas distribuidos, los cuales son una agrupación de ordenadores separados físicamente pero conectados entre sí por medio de una red de comunicación. Los usuarios de estos sistemas pueden acceder a los recursos tanto de estos sistemas distribuidos como de sus recursos de manera local. Para poder realizar esto se usan el clúster y el grid, los cuales ofrecen distintas alternativas, además se sigue una técnica llamada balanceo de carga, la cual distribuye los accesos a los servidores para que no se formen cuellos de botella y los recursos sean servidos lo más rápido posible.

Clúster

Para poder ofrecer una alta disponibilidad con garantías se utilizan algunos sistemas como son los clúster. Estos sistemas ofrecen un alto grado de fiabilidad y de continuidad operativa. Están basados en una arquitectura constituida por varios equipos que forman nodos, asumiendo el servicio cuando algún componente del sistema falla. Estos sistemas son capaces de detectar fallos tanto de *hardware* o *software*. El fin de los clúster de alta disponibilidad es eliminar los puntos únicos de fallo (SPOF), por redundancia, tanto en *hardware*, conexiones de red, etc. Estos sistemas son muy usados en base de datos críticas, aplicaciones web o ficheros compartidos en red.

Importante

Un SPOF es un punto único de fallo, y pueden ser tanto un componente *hardware, software* o eléctrico, que hace que el desarrollo normal de la actividad de la empresa se vea afectado negativamente.

 Actividades

21. Elabore tras navegar por Internet un listado de amenazas lógicas para un sistema, que se hayan definido anteriormente.
22. Señale qué medidas tomaría en relación a la salvaguarda física para mantener a salvo un sistema.

Si se llega a producir un fallo de *hardware* o *software* en algún nodo del clúster, el mismo clúster es capaz de iniciar el *software* fallido en otra máquina perteneciente al sistema. Se conoce como *failover* la capacidad de recuperarse de un fallo iniciando el servicio en otro nodo. Una vez recuperado el nodo donde se originó el fallo, el servicio vuelve a ser migrado al nodo original, lo que se conoce como *failback*.

 Definición

Takeover
Se puede definir como un *failover* automático. La migración de un nodo a otro se produce antes de que falle el nodo principal que está dando el servicio; no espera al fallo, se adelanta a él.

Un clúster es capaz de iniciar otro nodo (equipo, servidor) del sistema al detectar una caída del nodo primario u original.

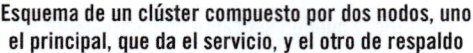

**Esquema de un clúster compuesto por dos nodos, uno
el principal, que da el servicio, y el otro de respaldo**

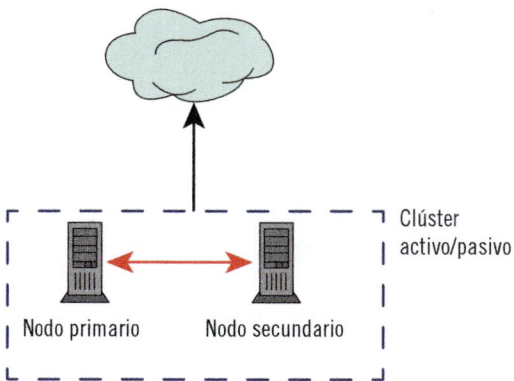

Clúster
activo/pasivo

Nodo primario   Nodo secundario

Grid

Otro método el cual proporciona una alta disponibilidad es el grid, el cual permite compartir todo tipo de recursos, información, almacenamiento, dispositivos, aplicaciones, etc., a través de Internet u otras redes de comunicación. El grid está manejado por un *software* llamado *middleware*, que permite la comunicación entre los dispositivos de la red.

El fin del grid es que se puedan gestionar recursos de forma remota, que no se disponen de ellos en la máquina que se está usando, no solo archivos sino también aplicaciones y dispositivos externos. Esto no sería posible sin las conexiones de red de banda ancha y segura, además de ser indispensable, como UMTS/HSDPA, LMDS, etc.

La aplicación a diversos campos de *grid computing* es variada, ya que existe la supercomputación distribuida, donde se encuentran actividades como simulaciones, grandes cálculos numéricos, análisis de datos, etc. Otro campo donde se usa el grid es el los sistemas distribuidos en tiempo real, en aplicaciones para estudios de medicina, donde varios especialistas pueden estar trabajando sobre el mismo proyecto; también se utiliza el grid en servicios puntuales, donde se permite el acceso a *hardware* específico para realizar unas labores sin necesidad de estar presente, y es útil por ejemplo en maniobras militares no tripuladas, telescopios, etc.

Los organismos que muestran más intereses por el *grid computing* son los que principalmente comparten objetivos y desean poner en común los recursos para alcanzar de manera más efectiva dichos objetivos. Los recursos distribuidos que proporciona el grid tienen mucha repercusión en ámbitos como medicina, por ejemplo en investigación de nuevos tratamientos médicos, en educación, al crear aulas virtuales, en medio ambiente, con lo referente a previsiones meteorológicas, etc.

La seguridad es muy importante para el tema de recursos compartidos, y el grid se centra en los siguientes aspectos:

- **Política de accesos:** qué se va a compartir, a quién y con qué condiciones.
- **Autenticación:** son los mecanismos que garantizan la identidad del usuario.
- **Autorización:** averigua si el proceso que se va a llevar a cabo se ha definido previamente.
- **Estandarización:** las aplicaciones que se ejecuten en un grid deben de funcionar en cualquier otro grid.

 Nota

Grid permite compartir todo tipo de recursos a través de la red u otras redes de comunicación, en cualquier parte del mundo.

La arquitectura de los grid se describe en capas. Cada capa desarrolla una función, siendo las más altas las cercanas al usuario y las inferiores cercanas a la red:

- **Capa de aplicación:** está formada por todas las aplicaciones de usuarios.
- **Capa de _middleware:_** es la herramienta que hace posible que los recursos estén disponibles de manera segura en una red.
- **Capa de recursos:** es constituida por los recursos del grid, ordenadores, bases de datos, sistemas de almacenamiento, etc.
- **Capa de red:** es la encarga de asegurar la conexión entre los recursos formados en el grid.

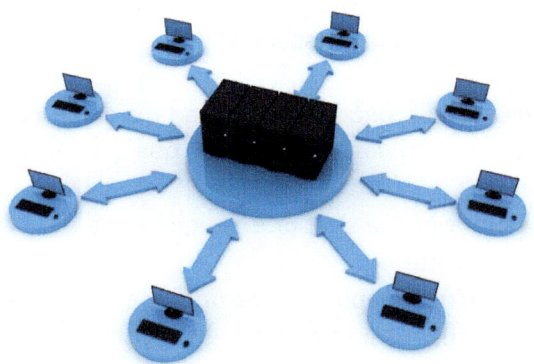

Representación de un sistema grid computing

Balanceo de carga

El balanceo de carga es la manera en que las peticiones al servidor son distribuidas entre una misma red de servidores. Existen varios modos de balanceo de carga. El más simple es el llamado _Round Robin_, y consiste en repartir equitativamente las peticiones de los clientes entre los servidores existentes. El problema de este método cíclico es que no tiene en cuenta las condiciones de carga que tenga cada servidor, y esto lleva a que puede haber servidores con muchas peticiones y otros con una menor carga. Otra desventaja de este método es que no recoge los problemas de los servidores en el acto. Esto desencadena en enviar peticiones a un servidor que se encuentra con algún tipo de problema o estar fuera de servicio.

Para sacar el mayor partido a una red de servidores se debe conocer el rendimiento de los servidores mediante *passive polling,* la primera generación de balanceo de carga. El balanceador de carga mide el tiempo de respuesta de los servidores y así tiene una idea de cómo están funcionando. Este método también tiene sus inconvenientes, detecta que los servidores tienen un problema después de producirse retraso, cuando los servidores se encuentran completamente caídos.

La segunda generación de balanceo de carga tiene información de cómo están siendo utilizados los recursos del servidor antes de que las peticiones de los clientes lleguen a los propios servidores. El balanceador de carga se encuentra continuamente realizando peticiones de datos a cada servidor de la red de servidores para estudiar sus condiciones y mandar así las peticiones de los clientes a los servidores que se encuentren en mejor estado y con una disponibilidad mejor para responder a esas peticiones.

Esta segunda generación de balanceo posee un servicio de mensajería, que informa si algún servidor se encuentra fuera de servicio, y cuándo será óptimo para volver a ser útil. Otra característica importante es que dispone de apagado progresivo. Este se produce cuando el servidor ya no acepta más peticiones y va terminando las peticiones que tenía activas, esto es útil para realizar tareas de mantenimiento o reparación del servidor.

Cuando un servidor se vuelve lento, lo primero que se tiende a hacer es ampliar memoria, disco o el procesador, pero eso es una solución a corto plazo ya que dentro de un tiempo se volverá a tener el mismo problema. Para resolver este problema se deben configurar más servidores y repartir entre ellos las peticiones de los clientes, así se conseguirá incrementar la velocidad de acceso al servidor, logrando una mejor tolerancia a fallos y la mejora de la fiabilidad. Se pueden reparar o realizar tareas de mantenimiento de algún servidor del sistema sin que afecte al resto del servicio.

Balanceo de cargas de los servidores

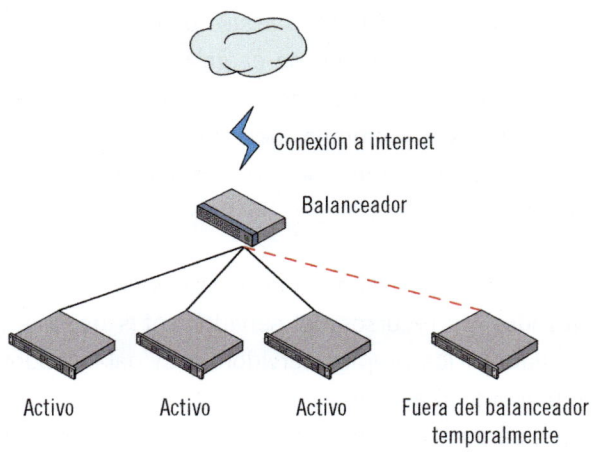

Actividades

23. Señale qué diferencia hay entre el balanceo de carga de primera y segunda generación.

9.3. Integridad de datos y recuperación de servicio

La integridad de datos según qué campo de la informática tiene un significado u otro. En concreto se va a estudiar el campo de la seguridad. La integridad de los datos en un sistema de información se podría definir como la imposibilidad de que alguien modifique datos sin ser descubierto. Se consideran unos datos íntegros cuando dichos datos o información que se aloja en el sistema se mantienen exactos, completos, sólidos y homogéneos, con el mismo fin que fueron creados. Estas características se obtienen al impedir que dichos datos sean modificados, insertados o eliminados sin autorización, sea accidentalmente o con malas intenciones. La integridad es una de las características de la seguridad de la información.

Algunas acciones cotidianas que se realizan en una empresa, y que deberían estar controladas para evitar algún intruso en un sistema dándole la posibilidad de modificar datos o eliminarlos, son, por ejemplo, la conexión de algún dispositivo no autorizado a la red de la empresa, uso de aplicaciones no autorizadas en dispositivos conectados a la red, permisos y privilegios de acceso a la red, errores humanos en el uso de aplicaciones, fallos en la configuración de *software,* aplicaciones que se introducen en el sistema, virus, etc. También se consideran ataques a la integridad de los datos las modificaciones de los sistemas operativos instalados en servidores y las realizadas en aplicaciones donde hay código de programación. Si se sufriera un ataque a la integridad de los datos de una empresa, el paso siguiente es recuperar el servicio perdido por medio de la recuperación de datos y siguiendo un plan de continuidad de negocio definido.

9.4. Guía mínima para elaborar un plan de continuidad de negocio

Para elaborar una guía de estas características, primero hay que entender qué es propiamente un plan de continuidad de negocio. Este se compone de varias fases, comenzando por realizar un análisis de los procesos que engloba la empresa. Con la elaboración de este análisis, se realiza una escala priorizando qué procesos son más críticos para la empresa y así llevar a cabo una política de recuperación en caso de ocurrir algún desastre. El plan de continuidad se basa en mantener el negocio de la empresa, priorizando las operaciones críticas que son necesarias para el funcionamiento tras un incidente no esperado. Un plan de continuidad solo se pondrá en marcha en situaciones de emergencia y cuando hayan fallado las medidas de seguridad. El tamaño de la empresa no tiene por qué influir en tener o no un plan de continuidad, solo depende del valor que se le dé a los activos de esa empresa.

 Importante

Un plan de continuidad de negocio asegura que tras un incidente de índole natural o humano la empresa siga dando el mismo servicio a sus clientes.

Los beneficios que aporta a la empresa tener un plan de continuidad son:

- Prevenir pérdidas para la empresa si ocurriera algún incidente.
- En caso de desastre, tener clasificados los activos, en importancia, de la empresa.
- Identificar acciones que podrían ser perjudiciales para el funcionamiento normal de la empresa.
- Conocer el tiempo de recuperación en volver al estado habitual tras un incidente.

Se puede dividir en cuatro etapas la elaboración de un plan de continuidad:

- En la **etapa 1,** se analiza el negocio y se evalúan los riesgos. Se obtienen los objetivos del negocio y cuáles son los procesos críticos para el desarrollo normal de la empresa. Sabiendo los procesos críticos, se analizan los riesgos que están asociados a esos procesos y se identifican las causas que llevarían a interrumpir el desarrollo normal de la empresa. Con los datos anteriores se realiza un informe de análisis de impacto y una vez analizado se establecería un tiempo máximo de recuperación de procesos. Para identificar y gestionar de manera correcta los riesgos se debe elaborar un análisis de riesgos.
- En la **etapa 2,** se selecciona la estrategia de recuperación a seguir y se establecen una serie de contramedidas para controlar los riesgos detectados; esta etapa se compone de dos objetivos.

  - Valorar las estrategias de respaldo en función de los resultados obtenidos en el análisis de la etapa 1, para seleccionar el más adecuado en función de las necesidades de la empresa.
  - El otro objetivo es corregir los puntos de fallo detectados en los procesos críticos de negocio identificados en la etapa1.

- En la **etapa 3,** se desarrolla el plan de continuidad a seguir, una vez seleccionada la estrategia de respaldo e implantada en la empresa. En este punto se desarrollan los procesos que seguirán las distintas áreas de la empresa y se organizan los equipos que intervendrán en cada etapa del plan de continuidad. Se impondrá una fase de alerta donde cualquier trabajador ponga en conocimiento del responsable de seguridad cualquier incidente del que sea consciente. Una vez reunidos los responsables, según la decisión que tomen, se llevará a cabo o no la ejecución del plan de continuidad. Cuando dicho plan sea activado se informará a los integrantes de los equipos definidos para intervenir en la ejecución del plan de continuidad.

■ La **etapa 4** es la referente a pruebas y mantenimiento. En un entorno de pruebas se lleva a cabo el plan de continuidad y se retocará según los resultados de la prueba. En esta última etapa también se definen los procedimientos de mantenimiento del plan de continuidad. Una vez controlado este y ejecutado el proceso se debe realizar un análisis del impacto que ha tenido llevar a cabo el plan y qué daños ha causado el incidente en el sistema informático de la empresa.

 Recuerde

Las ventajas que aporta tener un plan de continuidad de negocio son: prevenir pérdidas en caso de incidente; en caso de incidente, tener clasificados los activos; tener identificadas las acciones perjudiciales para el desarrollo de la actividad empresarial; y, por último, conocer cuánto tiempo se tardará en restaurar el estado normal de la empresa.

9.5. Aplicación práctica

Elabore un breve plan de continuidad de negocio para una empresa de camisetas.

Lo primero es realizar un estudio de la situación de la empresa, a qué se dedica, empleados actuales, ubicación de la fábrica y tiendas de las que disponga, etc.

CamisT S. A. es una compañía que se dedica a la fabricación de camisetas de todo tipo de material. La empresa cuenta con una plantilla actual de 60 trabajadores, en su fábrica situada en Málaga.

Dentro de la fábrica se ubica un pequeño departamento de informática formado por tres empleados, que se encargan de lo relacionado con comunicaciones, *software, hardware* y bases de datos.

La empresa en temas referentes a la seguridad informática no está muy avanzada, y su estado inicial es:

- No dispone de una política de seguridad, no se realizan copias de seguridad, los antivirus solo están disponibles en algunos equipos y los que hay se encuentran sin actualizar. Tampoco disponen de seguridad física en la sala del servidor y los usuarios de los equipos comparten las contraseñas.
- Se ha acordado la puesta en marcha de un plan de continuidad de negocio para tener un plan en caso de incidente.

Solución

ETAPA 1

El siguiente paso es elaborar un análisis de impacto. Para este proceso el director del departamento encarga la tarea a otro trabajador de realizar un inventario de los procesos críticos de la compañía, y establece tiempos de recuperación antes de tener pérdidas graves. Una vez realizado el inventario con todo el componente *software* o *hardware* de la compañía, se pasa a estudiar el tiempo máximo de recuperación de procesos.

Hay que centrarse en los procesos de pedidos y nóminas. El proceso de pedidos es el más crítico de todos, ya que si la empresa no puede gestionar pedidos comenzarán las pérdidas, por eso es importante recuperar este proceso lo antes posible. Se establece que la recuperación de este proceso se dé en 2-3 días.

El proceso de nóminas es importante, pero la empresa puede esperar semanas a reestablecerlo y crear unos procedimientos alternativos para paliar el fallo de este proceso.

La siguiente fase es elaborar un análisis de riesgos, que permitirá conocer los riesgos y gestionarlos de una manera correcta. Se realizará un inventario de activos y un listado de amenazas posibles que pueden afectar a la empresa y las vulnerabilidades que podrían convertirse en un incidente de seguridad.

ETAPA 2

Para gestionar los riesgos que se han detectado, se propone una serie de contramedidas para lograr mitigarlos en la medida de lo posible.

Hay que realizar copias de seguridad periódicamente, controlar el acceso a la información mediante mecanismos de autenticación, con controles físicos donde se albergan los equipos con información importante para la compañía, instalar detectores de humo y extintores y mantener actualizados los antivirus en todos los equipos.

Una vez realizada la gestión de los riesgos, se debe seleccionar una estrategia de recuperación de negocio, asegurando la continuidad de este.

ETAPA 3

Una vez seleccionada la estrategia a seguir de continuidad, se puede comenzar a desarrollar un plan de continuidad definiendo la estructura, composición de equipos y sus cometidos. Se creará un comité de crisis, un equipo de recuperación, un equipo de coordinación logística, un equipo de relaciones públicas y un equipo de las unidades de negocio. A cada uno se le asignará unas tareas determinadas y estarán en contacto para saber en qué situación se encuentra el desarrollo del plan de continuidad.

La fase de alerta consiste en que cualquier trabajador que sea consciente de un incidente grave se pondrá en contacto con el jefe de seguridad, proporcionándole un informe detallado con la descripción de los hechos. El jefe de seguridad evalúa la situación y comunica lo ocurrido al responsable del comité de crisis designado.

El comité de crisis se reunirá en el destino detallado en el plan de continuidad y valorará si activa o no el plan de continuidad de negocio; si decide activarlo el procedimiento de ejecución del plan se llevará a cabo.

Una vez activado el procedimiento de ejecución se producen las diferentes notificaciones a los integrantes de los distintos equipos formados.

Cuando los equipos han sido avisados y el plan se ha puesto en marcha, se deben reunir en el lugar acordado y comenzar con el traslado de material necesario para poner en marcha el centro de recuperación. Una vez recuperados los sistemas, el equipo correspondiente realizará las comprobaciones para que todo esté correcto y se empiece a dar servicio correctamente. El equipo de seguridad comprobará que existan las garantías de seguridad necesarias antes de finalizar la fase de recuperación.

ETAPA 4

Una vez controlado todo el proceso de negocio, se debe analizar el impacto en equipos e instalaciones dañadas. El equipo de recuperación con el de seguridad realizará un informe de los elementos que se han dañado gravemente y son irrecuperables y del material que se puede salvar y va ser útil de nuevo. Este informe debe ser trasladado al equipo director para que tomen las decisiones pertinentes, y así adquirir el nuevo material si fuese necesario.

La vuelta a la normalidad depende de la gravedad del incidente sufrido. Lo que se debe tener en cuenta es que mientras se vuelve a la normalidad se siga dando un servicio correcto al cliente.

La conclusión es que tener o no plan de continuidad de negocio podría suponer el cierre de la empresa si se causan daños irrecuperables. Así que la empresa CamisT S. A. ha decidido desarrollar un plan de continuidad de negocio.

9.6. Conceptos de RPO *(Recovery Point Objective)* y RTO *(Recovery Time Objective)*

Los conceptos de RPO, *Recovery Point Objective*, y RTO, *Recovery Time Objective*, vienen definidos por el plan de continuidad de negocio, ya que hacen referencia al protocolo a seguir en caso de desastre.

RTO hace referencia al máximo periodo de tiempo que el sistema puede estar fuera de servicio, desde que se produce el incidente hasta que el sistema vuelve a estar operativo, con el fin de evitar mayores problemas en la continuidad del negocio. Para reducir el RTO es necesario que la infraestructura esté disponible en el menor tiempo posible.

RPO se refiere a la antigüedad de los archivos que se van a recuperar del almacenamiento de la copia de seguridad, para volver a reanudar el funcionamiento normal tras tener un incidente. El RPC se expresa hacia atrás en el tiempo desde el momento que se produce el incidente y es expresado en segundos, minutos, horas o días. Según se escoja, esta será la cantidad de datos que se pierdan. Una vez definido el RPO para los equipos, se puede establecer con qué frecuencia hacer las copias de seguridac. Para reducir un RPO es necesario aumentar el sincronismo de réplica de datos.

 Ejemplo

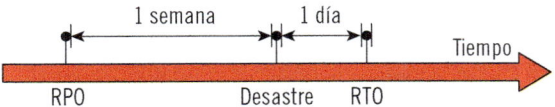

En la imagen, observe que el RTO es de 1 día y el RPO es de 1 semana. Quiere decir que en caso de pérdida de datos, tardará en restaurar los datos 1 día, y tras la recuperación los datos obtenidos tendrán una semana de antigüedad a lo sumo. La conclusión es que se han perdido los datos de la semana anterior a la pérdida de datos.

Actividades

24. Elabore un listado con amenazas de tipo: desastre natural, daño accidental y ataques intencionados.
25. Señale qué consecuencias puede tener no elaborar un plan de continuidad de negocio.

9.7. Custodia de ficheros de seguridad

Cuando se realiza una copia de seguridad y con intención de ponerla a salvo ante cualquier desastre como incendios, inundaciones, etc., se saca fuera de la empresa para no empezar desde cero.

Problemática de la salvaguarda y almacenamiento de datos confidenciales

La copia de seguridad del sistema no conlleva ningún problema sacarla de la empresa ya que no contiene datos personales, por tanto no se rige por la Ley Orgánica de Protección de Datos Personales y garantía de los derechos digitales, LOPDGDD. Cualquiera con autorización podría custodiarla sin problema.

Con respecto a la copia de seguridad de datos, bases de datos, etc., que sí que contendrá datos personales de clientes, etc., está sujeta a la LOPDGDD, y se debe tener en cuenta las normas de dicha ley a la hora su custodia. El nivel de precaución que se debe tomar va determinado por el nivel de los ficheros que contenga la copia, por eso habrá que tener en cuenta la LOPDGDD según la decisión que se vaya a tomar.

Hay empresas que se dedican a la custodia de dichos datos personales de clientes de la empresa, que tras la firma del contrato se encargan, cumpliendo todos los requisitos de la ley, de la custodia de las copias de datos.

De no ser la propia empresa la que se encargue de la custodia de las copias, tendrán un cargo económico más al contratar este tipo de servicios.

El tratamiento de datos personales se debe realizar de acuerdo a lo establecido en la LOPDGDD. Lo que pretende esta ley es proteger los datos personales. Los datos de las personas se deben tratar de manera leal y lícita, y la recogida de los datos debe tener un fin determinado, explícito y legítimo, al igual que adecuado con la actividad y fines con los que han sido recogidos. Los datos que se recogen deben ser exactos y permanecer actualizados, manteniendo la situación actual del titular de los datos. Si el titular de los datos quisiera tener acceso a los suyos, los responsables deben atender su solicitud. Una vez concluido el fin con que se recogieron dichos datos, deben ser cancelados.

La cuantía de las sanciones impuestas por incumplir la LOPDGDD se gradúa según los derechos personales afectados.

Se considera sanciones leves, con una cuantía entre 900 y 40.000 €, por ejemplo, no atender a las solicitudes de rectificación o cancelación, recopilar información sin informar previamente, etc.

Se considera sanciones graves, con una cuantía entre los 40.001 y 300.000 €, por ejemplo, utilizar ficheros con finalidad distinta a la que fueron creados, no seguir los principios y garantías de la LOPDGDD, etc.

Se considera sanciones muy graves, con cuantías entre los 300.001 y 600.000 €, por ejemplo, la transferencia de datos de carácter personal con destino a países que no proporcionen un nivel de protección equiparable sin autorización del director de la Agencia Española de Protección de Datos, salvo en los supuestos en los que conforme a esta ley y sus disposiciones de desarrollo dicha autorización no resulta necesaria, recogida de datos por medio de engaños o fraudulentamente, etc.

Recuerde

Las copias de seguridad que se realicen del sistema no deben quedarse en el mismo lugar de trabajo, debido a que si este lugar sufre algún tipo de incidente, las copias también se verán afectadas y se perderá la información. Las copias de seguridad se deben custodiar fuera del lugar de trabajo.

Algunas implicaciones de Ley Orgánica de Protección de Datos Personales y garantía de los derechos digitales (LOPDGDD)

La Ley Orgánica 3/2018, de 5 de diciembre, de Protección de Datos Personales y garantía de los derechos digitales (LOPDGDD), establece una serie de obligaciones y derechos en materia de protección de datos personales en España. Esta ley adapta el Reglamento General de Protección de Datos (RGPD) de la Unión Europea a la legislación española y añade disposiciones adicionales. Algunas de las implicaciones clave de la LOPDGDD, especialmente en relación con ficheros automatizados, incluyen:

- **Principios de protección de datos:** la LOPDGDD establece principios fundamentales que deben guiar el tratamiento de datos personales, como la licitud, lealtad y transparencia; la limitación de la finalidad; la minimización de datos; la exactitud; la limitación del plazo de conservación; y la integridad y confidencialidad de los datos (artículos 5 y 6).
- **Derechos de los titulares de los datos:** los individuos tienen derechos específicos sobre sus datos personales, incluyendo el derecho de acceso, rectificación, supresión (derecho al olvido), limitación del tratamiento, portabilidad de los datos y oposición. Estos derechos deben ser facilitados y garantizados por las entidades que tratan los datos (artículos 12-18).
- **Obligaciones de los responsables del tratamiento:** los responsables del tratamiento de datos personales deben asegurarse de que los datos se traten de acuerdo con la normativa. Esto incluye la obligación de obtener el consentimiento explícito para el tratamiento de datos sensibles, implementar medidas de seguridad adecuadas y realizar evaluaciones

de impacto sobre la protección de datos cuando sea necesario (artículos 24-34).

- **Ficheros automatizados:** en el caso de ficheros automatizados, la LOPDGDD impone obligaciones específicas en cuanto a la seguridad y el tratamiento de datos. Los responsables del tratamiento deben implementar medidas técnicas y organizativas para proteger los datos contra accesos no autorizados, pérdidas o alteraciones. Además, deben garantizar la integridad y disponibilidad de los datos (artículo 32 del RGPD, adaptado por la LOPDGDD).

- **Registro de actividades de tratamiento:** los responsables y encargados del tratamiento deben mantener un registro de las actividades de tratamiento bajo su responsabilidad. Este registro debe contener información detallada sobre los fines del tratamiento, las categorías de datos tratados, los destinatarios de los datos y las medidas de seguridad implementadas (artículo 30 del RGPD, adaptado por la LOPDGDD).

- **Evaluación de impacto y delegado de protección de datos:** en ciertos casos, especialmente cuando el tratamiento de datos puede implicar un alto riesgo para los derechos y libertades de los individuos, es necesario realizar una evaluación de impacto sobre la protección de datos. Además, las organizaciones deben designar un Delegado de Protección de Datos (DPO) cuando el tratamiento se realice por una autoridad u organismo público, o cuando las actividades principales del responsable o del encargado consistan en operaciones de tratamiento que requieran una observación habitual y sistemática de interesados a gran escala (artículos 35-37 del RGPD, adaptados por la LOPDGDD).

- **Sanciones y responsabilidades:** el incumplimiento de la LOPDGDD puede conllevar sanciones significativas, que varían en función de la gravedad de la infracción. Las sanciones pueden incluir multas económicas y otras medidas correctivas impuestas por la Agencia Española de Protección de Datos (AEPD) (artículos 71-77).

Actividades

26. Siendo el director de una empresa, ¿dejaría a un empleado que custodiase los datos de los clientes? Señale a qué se arriesga su empresa si incurre en la libre custodia de los datos de los clientes.

Análisis de las políticas de seguridad

Las políticas de seguridad concretan una serie de requisitos definidos por los responsables de un sistema, que son los encargados del desarrollo, de implantar las políticas acordadas en la empresa y los responsables de la gestión de la política de seguridad e indican qué es lo que está permitido y qué lo que no en el área de seguridad.

Cuando las políticas de seguridad a seguir en una empresa quedan redactadas, todos los empleados deben tener conocimiento de este documento, donde se establezca qué es lo que pueden, deben o no hacer, como de las sanciones que tendrán si incumplen cualquier punto del documento. Dicho documento debe estar firmado tanto por el responsable como por los empleados.

Para mantener actualizadas las políticas de seguridad es recomendable que cada cierto tiempo, estipulado por los responsables, estas se actualicen y revisen, siendo de nuevo informados los empleados.

La salvaguarda física y la lógica forman parte de la política de seguridad, ya que se debe salvaguardar tanto equipos como servidores.

 **Importante**

La salvaguarda física consiste en tomar una serie de medidas físicas y mecanismos de control alrededor del sistema informático para la protección del *hardware.* La lógica es la encargada de proteger la parte no tangible del sistema, datos, archivos, etc.

Acceso restringido por cuentas de usuario. Propiedad de la información

Para poder tener acceso a un sistema informático, por norma general se necesita una cuenta de usuario que esté ligada con un trabajador, esta cuenta de usuario consta de usuario y contraseña. Según esté definido en las políticas de seguridad, el usuario para el acceso al sistema será elegido por la empresa o por el trabajador. La contraseña de acceso, por razones de seguridad, se exige que sea alfanumérica, formada tanto por números como letras.

Con este *login*, al sistema solo se permite que el usuario *loggeado* tenga acceso a su sesión y, según esté estipulado en la política de seguridad, se guardará en un archivo la identificación de usuario, fecha y hora de acceso, ficheros que acceden y si es autorizado o no. Los usuarios son responsables de la información a la que tienen acceso y la que introducen en el sistema.

Un usuario al ser *loggeado* crea un archivo donde refleja los datos del usuario, hora de inicio de sesión, hora de fin de sesión, etc., con el fin de que si ocurriese algún desastre tener los registros del personal que ha entrado en el sistema.

Identificador único de acceso. Sistemas de Single Sign On (SSO)

Single Sign On es una propiedad de control de acceso a múltiples recursos relacionados entre sí, pero independientes. El usuario inicia su sesión una vez y accede a todos los recursos de los sistemas sin autenticarse de nuevo. El principal fin de un sistema que implemente SSO es transferir la funcionalidad y complejidad de los componentes de seguridad del sistema al único servicio de SSO, ya que solo existe un único punto de identificación. El usuario al identificarse una sola vez debe extremar la seguridad en ese punto de identificación.

El funcionamiento de los sistemas SSO procede cuando el usuario introduce los datos de acceso a la aplicación y SSO consulta en la base datos correspondiente si el usuario introducido tiene permisos para la aplicación solicitada, dando permiso o no a este.

El director de seguridad de la empresa asigna a los empleados los permisos para que estos puedan acceder o no a archivos, aplicaciones, etc.

Este tipo de sistema es multiplataforma y facilita tareas de inicio de sesión y acceso a recursos. El acceso a estos recursos se produce de manera trasparente al usuario ya que el inicio de sesión es automático. No se producen interrupciones por la solicitud de *login,* ya que el usuario se identifica una única vez, y tiene facilidad de uso. Depende de la arquitectura utilizada, pero los datos siempre viajan de manera cifrada.

Protección antivirus

Un antivirus es un programa dedicado a la protección de un equipo, y previene, evita y elimina virus y la propagación de estos.

Un antivirus debe ser adecuado y estar bien configurado para que su acción sea efectiva. Debido al gran desarrollo del mundo del *software* e Internet, los antivirus no solo se encargan de detectar los virus informáticos sino que detectan otros tipos de *malware* como troyanos, gusanos, *spyware,* etc.

 **Definición**

Gusanos
Son programas que se ejecutan y se propagan a través de la red, y pueden llevar implícitos virus e infectar el sistema, o través de *bugs* de programación.

El antivirus y el anti-espía podrían considerarse iguales, pero el antivirus protege los archivos de una posible infección y el anti-espía lo hace de los programas que "cotillean" un sistema.

La herramienta de *antispam* protege el correo de recibir *e-mails* no deseados infectados. Además, hoy en día las memorias extraíbles pueden ser un nido de virus al conectar y desconectar de un equipo a otro sin que estos estén protegidos.

Los efectos de un virus en un equipo pueden ir desde la pérdida de archivos, bajo rendimiento en el sistema, información confidencial que puede ser robada, etc. Los equipos se infectan por algún tipo de instalación que el usuario realiza en algún momento de manera accidental o por medio de un gusano en Internet.

Los antivirus actuales cuentan en su base de datos con vacunas específicas para miles de virus conocidos. Gracias a la monitorización que realizan el sistema consigue detectar y eliminar las amenazas. Los virus son reconocidos a partir de las firmas, que son patrones que se identifican en archivos, y por comportamientos en el equipo que detectan la posible infección.

No por tener más antivirus instalados en el sistema un equipo va a estar más protegido, al contrario, causa falsa sensación de protección. Crean conflictos entre antivirus, además cada antivirus detectará al otro antivirus como un virus, ya que estos programas rastrean el equipo en busca de aplicaciones que lo monitoricen como hacen los antivirus. A la hora de eliminar un virus o *malware* ambos antivirus no pararán de notificarte que el peligro ha sido eliminado. Un antivirus por sí solo necesita muchos recursos para analizar el sistema, así que dos antivirus consumirán el doble de recursos.

Los antivirus deben ser actualizados con frecuencia, y esta tarea la realiza el propio antivirus, según esté configurado, ya que cada día se descubren nuevos códigos maliciosos que intentan dañar el sistema y deben ser detectados.

En la política de seguridad de una empresa se debe establecer la protección tanto de los equipos de los empleados como de los servidores, ya que si estos sufrieran algún tipo de desgracia se perdería la información alojada en ellos. Por todo esto, es necesario tener instalados y actualizados antivirus y herramientas que trabajen contra el *spam,* gusanos y demás programas maliciosos.

Auditorías de seguridad

Actualmente tanto empresas como particulares son asiduos a publicar, compartir, etc., archivos y datos a través de Internet. Esto conlleva estar expuestos a amenazas que ponen en peligro la privacidad y la seguridad del sistema informático. Para saber el estado de los equipos es muy importante, y más para las empresas, el uso de auditorías ya que estas informan de si hay indefensión ante posibles ataques o pérdidas de información.

Normalmente todas las empresas están en la web y hay que cuidar que el sitio web sea seguro y que no esté expuesto a vulnerabilidades como XSS o *SQL Injection*, que permiten al atacante infectar la web y tomar el control del servidor. Se debe tener configurado correctamente el *firewall* para evitar la fuga de información e intrusos.

 **Definición**

SQL injection
Es un ataque de infiltración de código malicioso que pasa a una sentencia SQL. Todos los procedimientos SQL deberían ser analizados en busca de posibles agujeros de seguridad.

Seguidamente se muestra un diagrama para el análisis de un sistema de seguridad donde se puede observar los pasos a seguir en caso de sufrir un incidente, contemplando desde el personal de la empresa, que puede ocasionar incidentes accidentalmente o no, posibles amenazas que pueda sufrir el negocio hasta cómo proceder en las auditorías.

Proposición de diagrama para seguridad del sistema

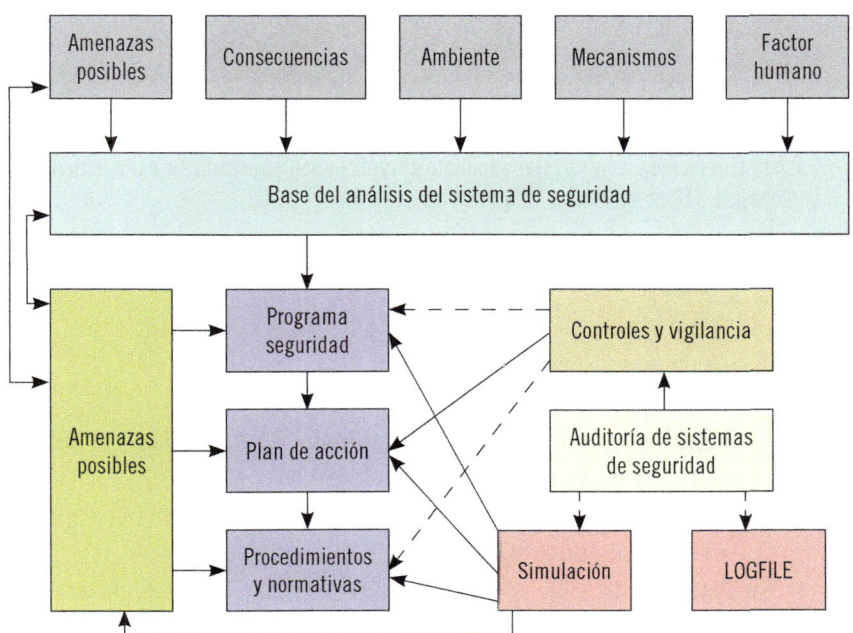

Una auditoría presenta en el informe final el estado de seguridad de los sistemas. Este informe es redactado por los auditores y muestra las brechas de seguridad del sistema; al mismo tiempo proporciona un contra informe, donde se explican las medidas y defensas que se deben aplicar para paliar los riesgos de un posible ataque.

En una auditoría normalmente se suelen revisar los siguientes aspectos:

▌ Protocolo a realizar en caso de amenaza.
▌ Verificar que se cumple la LOPDGDD y los estándares internacionales como ISO, COBIT, etc.
▌ Equipos a nivel de *hardware* y *software.*
▌ Sistemas, servicios y programas informáticos instalados.
▌ Seguridad en equipos y redes, protocolos.

 Nota

COBIT, objetivos de control para la información y tecnologías relacionadas, es una metodología que se publicó en 1996. Se usa para evaluar el departamento informático de una empresa. COBIT propone treinta y cuatro procesos que se organizan en cuatro áreas: entrega y asistencia técnica, control, planeamiento y organización y aprendizaje e implementación, englobando 318 objetivos.

Existen varios tipos de auditorías:

▌ **Seguridad interna:** comprueba el nivel de seguridad y privacidad de las redes locales y corporativas internas.
▌ **Seguridad perimetral:** en este análisis se comprueba la "frontera" de la red local con el exterior.
▌ **Test de intrusión:** en este nivel se realizan pruebas de ataque controlado para intentar acceder a los sistemas y así comprobar la resistencia o vulnerabilidad de la red. Este test es fundamental para complementar la auditoría perimetral.

■ **Análisis forense:** este análisis es usado para realizar el estudio cuando ocurre algún incidente. Se intenta averiguar la posible entrada no autorizada al sistema, así como la valoración de las pérdidas ocasionadas o no. Si se ha llegado a producir un daño fatal en el sistema, este análisis se denomina *post mortem.*

■ **Auditoría de páginas web y aplicaciones:** se analiza tanto el código de páginas web como de aplicaciones usadas en el sistema. También se revisa la vulnerabilidad de agentes externos que proviene de la web.

En definitiva, es muy recomendable realizar auditorías de seguridad, al menos una vez al año, y también comprobar que las políticas de seguridad implantadas en la empresa están funcionando correctamente. Para que las medidas de protección sean implantadas rápidamente y que sean efectivas la formación de los empleados es fundamental.

 Actividades

27. Señale cuál es el principal cometido de los antivirus y qué complementos hacen que sean mucho más eficientes.
28. Explique en qué situación realizaría una auditoría.
29. Analice en qué se basan los sistemas SSO.

9.8. Aplicación práctica

La empresa donde trabaja tiene previsto elaborar un documento de políticas de seguridad, y los responsables se reúnen para realizar las pautas a seguir. Defina cuál serían estas pautas a seguir para elaborar un documento de política de seguridad en la empresa.

Solución

Lo primero que debe hacer es dejar claro qué se tiene que incluir en el documento de política de seguridad de la empresa.

Hay que definir los responsables del desarrollo, implantación y gestión de la política:

- Director de política de seguridad y personal encargado de realizar, supervisar y modificar las normas que se establecen en el documento de seguridad. Nombrar un director de seguridad, que asignará permisos para acceder a información del sistema, controlará la entrada y salida de información y resolverá los problemas que se den.
- Informar a los empleados mediante un documento de buen uso, donde aparecerá lo que se puede o no hacer en los equipos. Se escribirán las normas a cumplir y se pueden detallar aspectos como no abrir correo desconocido, no instalar *software* no autorizado, etc. Este documento será firmado por los empleados y el director de seguridad, donde se les informará de las sanciones que recibirán al incumplir alguna cláusula del documento.
- Plan a seguir en caso de incidente.

Periódicamente, se repartirán documentos a través de correo interno con las actualizaciones de dichas políticas de seguridad.

El siguiente paso es proteger los equipos de la empresa.

Hay que instalar en todos los equipos antivirus. Este programa examinará el contenido de los archivos buscando alguna incidencia. Los antivirus deben ser actualizados periódicamente ya que cada poco tiempo van a ir apareciendo nuevas amenazas en forma de virus, gusanos, troyanos, etc.

Mantener tanto el sistema operativo como las aplicaciones desactualizados también es sinónimo de posible incidencia, por esta razón hay que tener actualizados todos los programas tan pronto como esté disponible la actualización.

Configurar el *Firewall,* ya que es el encargado de analizar el tráfico tanto entrante como saliente del equipo. Este programa bloqueará puertos y protocolos cuando detecte amenazas.

Se debe evitar el correo *spam,* correo no deseado, ya que estos mensajes sin saber si el remitente es de confianza pueden traer problemas al incluir virus. Se debe eliminar ese correo sin abrirlo ni contestarlo.

A la hora de navegar, siempre hay que hacerlo en sitios de confianza, y pasar el antivirus a todos los archivos que se descarguen de Internet. No hay que acceder nunca a la web desde el servidor ya que podría ser infectado, siempre se accederá de un equipo cliente, manteniendo configurado el navegador para obtener la máxima protección.

Una vez protegidos los equipos hay que resguardar los servidores, ya que si estos fallan, estará en peligro todo el sistema.

Hay que mantener los servidores en salas seguras para evitar tanto catástrofes naturales como humanas, con una relación del personal que tiene acceso a esa sala.

También se deben establecer conexiones seguras mediante certificados.

Los datos se deben mantener a salvo mediante copias de seguridad, permisos a usuarios según sus necesidades, cifrado de datos que garantice la confidencialidad de estos y el uso de elementos que eviten los cortes de electricidad y variantes como podrían ser un SAI.

Hay que tener en cuenta la protección de los datos, a través de la LOPDGDD, que establece que los ficheros de datos de carácter personal se deben inscribir en la Agencia Española de Protección de Datos. Para esto se contrata a una tercera empresa que se encargue de este tipo de archivos personales.

Para controlar y asegurar que todos estos protocolos se cumplen, cada cierto tiempo se recomienda realizar una auditoría para encontrar y solucionar los posibles agujeros en la seguridad de la empresa.

10. Resumen

Para dar forma a un sistema informático que gestione información lo primero que hay que hacer es definir el sistema de archivos que se va a implantar en los dispositivos de almacenamiento de los equipos, dependiendo del sistema operativo, características del equipo, etc.

Para trasladar archivos, datos, etc., de un sistema de archivos a otro, sea por haber actualizado el sistema de archivos del equipo o por la adquisición de un nuevo dispositivo de archivos al cual hay que darle un uso, se debe desarrollar un proceso de migración de datos, consistente en hacer funcionar los archivos que hasta el momento trabajaban en el sistema de archivos inicial en el sistema de archivos nuevo.

La estructura física donde se almacena toda la información, tanto personal como necesaria para el funcionamiento del sistema, es en volúmenes físicos, siendo dispositivos de almacenamiento como discos duros. Para acceder al sistema se hace por medio del Volumen Lógico. En dichos Volúmenes Lógicos es donde se crearán los sistemas de archivos.

Para gestionar la creación de Volúmenes Físicos, Lógicos y Grupo de Volumen está el LVM que es un componente de *Linux*.

Para almacenar la información que alberga el sistema se pueden establecer varios tipos de almacenamiento, como NAS y SAN. NAS es un sistema de almacenamiento compuesto por varios discos y, por otro lado, SAN es una red de alta velocidad conectada por canal de alta velocidad, que no interfiere en la red local.

Los discos duros o dispositivos de almacenamiento se pueden distribuir en RAID. Son sistemas de discos redundantes, clasificados en varios niveles.

Se debe revisar la infraestructura informática de la empresa, para así evitar puntos únicos de fallos, SPOF, que son capaces de dejar parado la producción de un negocio tras un fallo en el dispositivo tanto *hardware, software* o eléctrico de la empresa. Si se llegara al punto de perder información en la empresa, se debe instaurar una copia de seguridad hecha con anterioridad.

Ejercicios de repaso y autoevaluación

1. ¿En qué consiste la migración de datos?

_____
_____
_____
_____

2. Indique si las siguientes afirmaciones son verdaderas o falsas.

a. NTFS es compatible con *Linux, DOS, Windows 95* y *98*.

☐ Verdadera
☐ Falsa

b. FAT 32 no puede asignar permisos para cada archivo.

☐ Verdadera
☐ Falsa

c. FAT aloja una tabla en el disco duro donde contiene un mapa donde está almacenado cada dato.

☐ Verdadera
☐ Falsa

d. La diferencia entre EXT2 y EXT3 es que EXT2 incorpora el registro por diario llamado *journaling.*

☐ Verdadera
☐ Falsa

3. ¿Qué contienen los siguientes directorios?

    a. /boot/.
    b. /dev/.
    c. /tmp/.
    d. /proc/.

4. Defina Volumen Físico.

    _____
    _____
    _____
    _____

5. ¿Qué acción realizan los siguientes comandos?

    a. vgcreate g1 /dev/sda2.
    b. lvcreate −L 10 −name l1 g1.
    c. mkfs.ext2/dev/mapper/g1-l1.
    d. lvremove/dev/g1/l1.

6. Complete el siguiente texto.

    RAID utiliza varios _____ como si se tratase de un único _____, aunque la información se almacena en todos los disponibles.

    Lo característico del nivel _____ de RAID es tener la información por duplicado, utilizando la técnica de _____.

    RAID de nivel _____ es el más utilizado y el más completo; si un disco falla la _____ contenida en otros permite la reconstrucción de _____. Para su funcionamiento requiere un mínimo de _____ unidades.

    El RAID basado en _____ no es muy utilizado, ya que posee muchos inconvenientes a la hora de configurarlo y es más _____. La única ventaja es que es más _____ que el basado en *hardware*.

7. Defina las tres grandes características de la fiabilidad en un sistema.

8. ¿Qué sucedería si en un sistema de clúster fallara un nodo?

9. ¿Qué sistema de almacenamiento interfiere en el rendimiento de la red local?

10. La copia de seguridad incremental se define por que...

    a. ... copia los archivos que han sido creados o modificados, mirando la fecha de modificación de los archivos desde la última copia de seguridad.

    b. ... realiza una copia exacta de los datos en un medio aparte. Necesita grandes dispositivos de almacenamiento.

    c. ... es la más avanzada ya que solo copia los ficheros creados o modificados desde la última copia, reduciendo de esta manera la cantidad de datos a copiar.

    d. Todas las opciones son incorrectas.

11. Calcule la disponibilidad de un sistema que debe dar servicio durante 24 horas, 5 días a la semana durante todo el año.

_____

_____

_____

_____

12. Clasifique por orden el proceso para elaborar un plan de continuidad de negocio.

▌ Desarrollar el plan a seguir.
▌ Analizar el negocio y evaluar los riesgos.
▌ Pruebas y mantenimiento.
▌ Seleccionar una estrategia a seguir.

13. Interprete el gráfico.

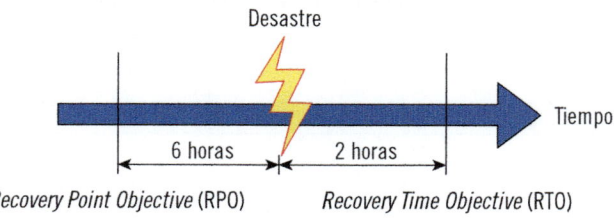

14. ¿Deberían cumplirse una serie de medidas para custodiar la información de datos personales de clientes en cualquier empresa?

▌ Sí, debe cumplirse una serie de medidas establecidas en la LOPDGDD.
▌ No, no importa.

15. ¿Cuándo se dice que el tipo de auditoría análisis forense se denomina *post mortem?*

_____

_____

_____

_____

Capítulo 2

Desarrollo de diferentes supuestos prácticos, debidamente caracterizados

Contenido

1. Introducción

Aunque un ordenador solo disponga de un disco duro, ¿sería conveniente tener varios sistemas operativos? Si se tuviera que formatear el disco duro porque el sistema operativo da fallos, ¿se perderían todos los archivos personales? ¿Cómo se conservarían los archivos personales?

A estas preguntas no da respuesta la partición de los dispositivos de almacenamiento, pero antes de particionar un disco se debe comprender cuáles son las necesidades que se tienen y qué se quiere cumplir.

Hay que tener en cuenta si en el disco duro se alojan dos sistemas operativos, uno *Windows* y otro *Linux*, cuál serían los pasos a seguir para su correcto funcionamiento y qué sistema de archivo se debe elegir para cada sistema operativo.

También es importante conocer cómo salvaguardar los archivos del sistema, tanto en *Windows* como *Linux*, y no sufrir en exceso algún tipo de incidente.

Cada sistema operativo dispone de sistemas de ficheros más adecuados para el almacenamiento de recursos, como son imágenes, carpetas y audio, a los cuales se pueden asignar permisos para que sean accesibles solo por los usuarios que el administrador del sistema permita.

Si se decide actualizar los sistemas operativos o cambiar de sistema operativo por diversas razones, o tener una base de datos que se queda pequeña y se quiere gestionar dicha base de datos con mayores recursos, se deben migrar ambos a otros sistemas. Estas migraciones son delicadas y deben realizarse con sumo cuidado.

2. El efecto de las posibles decisiones de particionamiento y acceso a disco así como la implementación de una política de salvaguarda de datos

Para crear una partición lo principal que hay que tener claro es elegir entre partición primaria o lógica. Las particiones lógicas deben estar creadas dentro de una partición primaria, a la cual se le denomina **partición extendida.** Se puede tener cuatro particiones primarias pero un número indefinido de particiones lógicas, las cuales fueron creadas precisamente para acabar con el problema de solo tener cuatro particiones primarias.

Las particiones primarias son las mejores para instalar los sistemas operativos ya que son las únicas que se pueden activar. Si se instala en particiones lógicas se debe tener en cuenta instalar un gestor de arranque en el sector de arranque del disco duro o en alguna partición primaria. El gestor de arranque es un pequeño programa que da acceso a las diferentes particiones del disco donde se encuentre un sistema operativo, que se ejecuta cuando se complete el inicio normal de la BIOS/UEFI y permita seleccionar el sistema operativo deseado.

Definición

Gestor de arranque

Es un programa cuya función es la carga del sistema operativo de un ordenador en memoria. Si se dispone de varios sistemas operativos en el equipo, dará la opción de iniciar con uno u otro.

Algunos de los principales gestores de arranque tanto de *Windows* como de *Linux* son:

- **NTLDR (NT LOADER).** Es el gestor de inicio de *Windows NT*, además de estar incluido en *Windows Server 2003*, *XP* y *2000*. Este gestor de arranque no aparece en *Windows Vista* ya que esta versión de *Windows* divide las funciones de NTLDR en dos componentes nuevos, el winload.exe y el Windows Boot Manager. Estos dos nuevos componentes están incluidos también en *Windows 7* y *8*. En el sistema se debe contener el boot.ini, el cual tiene las opciones de configuración de inicio y el NTDETECT.COM, cuya función es iniciar el sistema operativo seleccionado.

- **Administrador de arranque de *Windows* (Bootmgr).** Bootmgr es el sustituto de NTLDR en *Windows Vista*, *7*, *8* y *server 2008*. Al igual que su antecesor, su cometido es controlar el arranque del sistema operativo. Una vez seleccionado el sistema operativo a iniciar, se ejecuta el archivo "WinLoad. exe" que carga el sistema operativo dejando al archivo "ntoskrnl.exe" el resto del proceso de arranque.

- **UEFI *(Unified Extensible Firmware Interface).*** Con la introducción de *Windows 8* y versiones posteriores, muchos sistemas comenzaron a utilizar UEFI *(Unified Extensible Firmware Interface)* en lugar del antiguo BIOS *(Basic Input/Output System)*. UEFI incluye su propio gestor de arranque que ofrece una serie de mejoras significativas en comparación con BIOS. El gestor de arranque UEFI permite tiempos de arranque más rápidos, soporte para discos de mayor tamaño (más de 2 TB) y una mayor seguridad mediante características como *Secure Boot. Secure Boot* evita la carga de sistemas operativos no autorizados al verificar la firma digital de los archivos de arranque antes de permitir su ejecución.

- **Windows Boot Loader.** El Windows Boot Loader es otro componente del proceso de arranque en sistemas Windows modernos. Tras la selección del sistema operativo en el menú de BOOTMGR, el Windows Boot Loader toma el control para cargar el kernel de Windows y los controladores de *hardware* necesarios. Este componente asegura que el sistema operativo se inicie correctamente y que todos los servicios esenciales estén disponibles desde el primer momento. El Windows Boot Loader se encarga de iniciar la interfaz gráfica de usuario y otros procesos críticos que permiten al usuario interactuar con el sistema operativo.

- **Lilo *(Linux Loader).*** Este gestor de arranque tiene la capacidad de arrancar sistemas operativos *Linux* y de otras plataformas, como, por ejemplo, *Windows*, que estén instalados en el mismo ordenador. Tiene la característica de arrancar el sistema operativo desde el disco duro o desde un dispositivo extraíble.

- **GRUB.** Este es un gestor de arranque que al igual que Lilo es de *Linux*, pero está más desarrollado y permite tener sistemas operativos de diferentes plataformas. GRUB se cargará antes de cualquier sistema operativo y permite elegir el sistema operativo que se quiere iniciar. A diferencia de Lilo, GRUB está apoyado por una interfaz gráfica más legible.

Para instalar sistemas operativos de *Windows* y *Linux* juntos, primero se debe instalar el sistema operativo de *Windows*, ya que cuando se establece un sistema operativo se instala automáticamente el gestor de arranque de dicho sistema y al poner otro sistema operativo el gestor de arranque que prevalece es del último sistema operativo que se instaló. Por esta razón primero se debe instalar *Windows* y después *Linux*, ya que el gestor de arranque de *Windows* solo se reconoce a él mismo, no reconoce si hubiera *Linux* instalado; por el contrario, el gestor de arranque de *Linux*, GRUB, sí que reconoce todos los sistemas operativos instalados, incluyendo *Windows*.

 Definición

BIOS
Es un programa que reside en la memoria EPROM. Su función es activar controladores y funciones para el correcto funcionamiento del ordenador. BIOS se activa cada vez que se arranca un equipo y verifica los componentes *hardware* instalados.

UEFI *(Unified Extensible Firmware Interface)*
Estándar moderno de *firmware* que reemplaza a la BIOS tradicional. Fue desarrollado por un consorcio de empresas liderado por Intel y comenzó a ganar popularidad a partir de 2005. UEFI proporciona una serie de mejoras significativas sobre la BIOS, tanto en términos de funcionalidad como de seguridad.

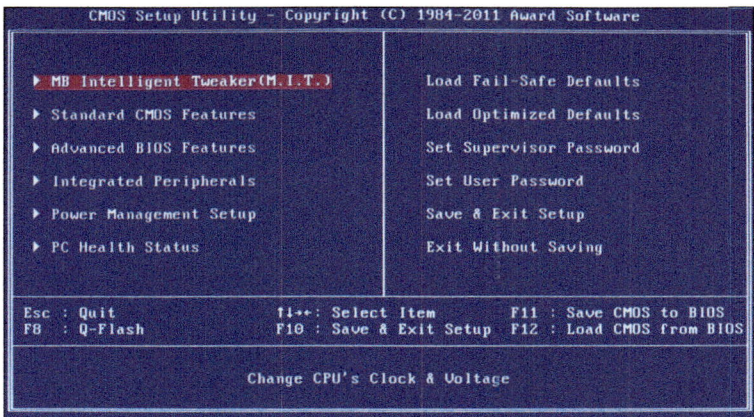

Pantalla de inicio de configuración de BIOS

Un disco duro se particiona por las siguientes razones:

- Querer usar dos sistemas operativos en el mismo ordenador.
- Tener una unidad solamente para almacenar datos o como respaldo de información importante.

La ventaja más destacada de tener particionado el disco es precisamente la de distinguir por un lado el sistema operativo y por otro todos los archivos. Esto es beneficioso ya que si hubiera que formatear e instalar desde cero el sistema operativo no se perderían los datos almacenados en la otra partición, solo se formatearía la unidad donde esté alojado el sistema operativo.

Una vez particionado el disco duro, se le debe dar formato con los sistemas de archivos que convenga según el sistema operativo que se vaya a usar. Los sistemas de archivos son estructuras lógicas que son utilizadas para poder acceder a la información que se aloja en el disco. Cada sistema operativo crea su propia estructura lógica. La seguridad, confiabilidad, compatibilidad, etc., del disco estará en función del sistema de archivos que se elija.

De una manera más concreta, lo recomendable sería cuando se instale el sistema operativo *Windows*, tener dos particiones: una de ellas instalará el sistema operativo con el sistema de archivos NTFS y las aplicaciones que se precisen y otra partición también con formato NTFS, ya que *Linux* también puede acceder a este tipo de sistemas de archivos, para tener los documentos, como fotos, música o archivos importantes, y así poder acceder a ellos tanto desde un sistema operativo como de otro. Esta partición para datos, al no contener ningún sistema operativo, puede estar alojada en una partición lógica, no tiene que ser primaria.

Para instalar una distribución de *Linux* como *Ubuntu*, se requiere una organización algo distinta a la de *Windows*, aunque también precisa de una partición con su sistema de archivos, que en este caso no será NTFS sino EXT4. Se debe organizar en tres particiones, una de ellas para instalar el sistema operativo, en este caso *Ubuntu* con sistema de archivo EXT4, otra partición para albergar los documentos personales, no es obligatorio pero si recomendable, y, por último, una partición llamada SWAP, que es la encargada de gestionar la memoria virtual. Su función es dotar de mayor memoria RAM de la que realmente dispone el ordenador, usando el almacenamiento secundario en el disco duro. Para esta partición se debe reservar el doble de la memoria RAM que se disponga, pero solo para memorias de hasta 1 GB, ya que si se dispone de más lo aconsejable es seguir la siguiente regla: entre 2 GB y 4 GB se utiliza la mitad del valor de la memoria RAM; y si se dispone de más de 4 GB de RAM hay que utilizar como SWAP 2 GB.

Realizar copias de seguridad en una partición del mismo disco duro donde está instalado el sistema operativo puede ser peligroso ya que las dos particiones están alojadas en el mismo disco físico y si este resulta dañado en ambas particiones se podrían producir pérdidas de datos.

Recuerde

El SWAP es un espacio de intercambio, se lo conoce como memoria virtual y pertenece a *Linux*. Esta memoria es utilizada por el disco duro en lugar del módulo de RAM. Cuando la memoria RAM se agota, el sistema copia parte del contenido al espacio SWAP para poder seguir realizando otras tareas. La ventaja de utilizar memoria SWAP es que se dispone de más memoria cuando la RAM se ha agotado, pero tiene el inconveniente de que es más lenta y se pierde capacidad del disco duro.

Partición de disco para instalar Linux donde Windows ocupa todo el disco

A continuación, se estudiará cómo instalar una distribución de *Linux*, en este caso *Ubuntu*, en un disco donde está *Windows 11* instalado. El entorno dispone de un disco duro de 80 GB, ocupado en su totalidad por la instalación de *Windows 11*.

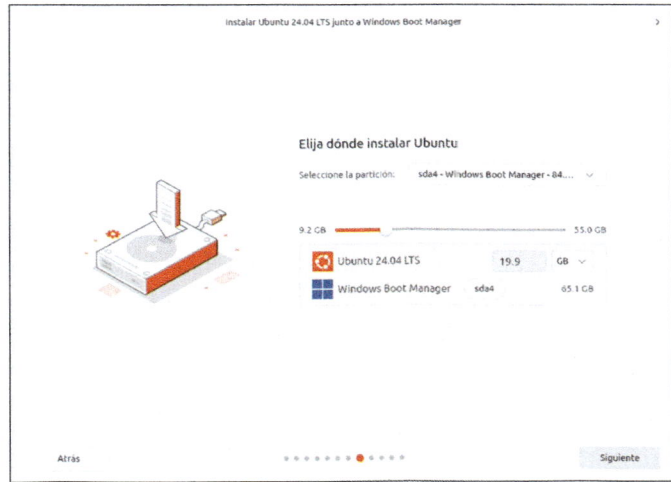

Pantalla de instalación de Ubuntu, donde aparecen las opciones a elegir y por defecto el tamaño de las particiones.

Después de arrancar el ordenador donde se va a instalar *Linux* con la ISO de *Ubuntu*, y configurar las pantallas iniciales para seleccionar el idioma, hora, teclado, etc., aparecerá la pantalla de instalación donde se muestra un gráfico del disco con el sistema operativo instalado y cómo quedaría el disco después de instalar *Ubuntu*.

Al tener *Windows* instalado da tres opciones de instalación, en este caso seleccione la primera opción, **Instalarlo junto a los otros, eligiendo entre ellos al arrancar el equipo.** Además de elegir la opción deseada debe establecer el tamaño de la partición. Es un control deslizante que permite asignar más o menos capacidad a los sistemas operativos.

En este caso, trabajará mayoritariamente con *Windows*, así que se le asigna más espacio a dicho sistema operativo; además, un sistema operativo de *Linux* no ocupa mucho espacio. Al haber seleccionado la opción, donde el usuario no introduce el espacio de la partición manualmente, el sistema crea la partición SWAP automáticamente, con unos valores por defecto.

Una vez asignado el espacio para los sistemas operativos, finalice la instalación de *Ubuntu*, y se reiniciará el ordenador teniendo que quitar el CD que utilizó para la instalación. Aparecerá la pantalla del gestor de arranque GRUB, y debe seleccionar el sistema operativo con el que quiera iniciar.

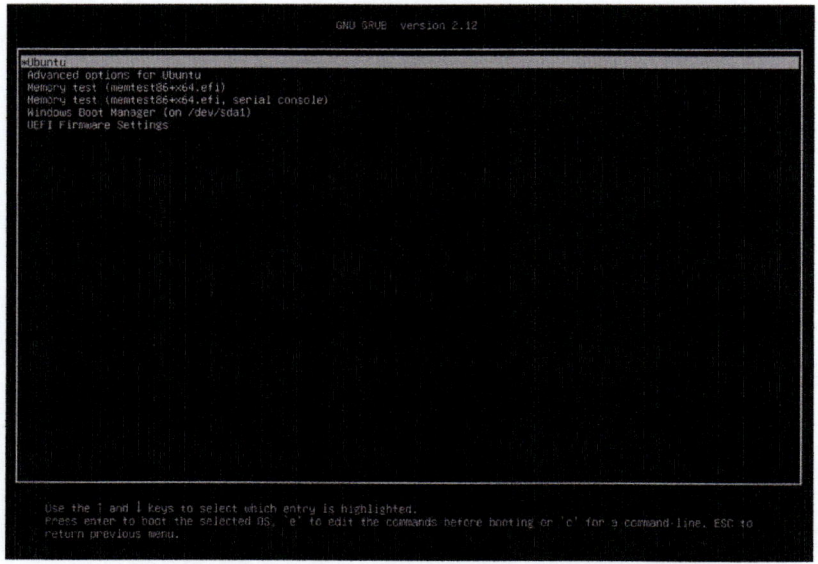

Pantalla del gestor de arranque GRUB de Linux, donde se elige el sistema operativo con el que se va a iniciar el equipo.

Recuerde

Es importante tener particionado el disco diferenciando la partición donde está instalado el sistema operativo y donde se alojan los documentos personales, como pueden ser fotografías, música, etc., para así asegurar que si hubiera que formatear la partición donde está alojado el sistema operativo, salvar los documentos alojados en la otra partición.

Actividades

1. Señale cuánta memoria de disco duro se debe reservar para la partición SWAP si se dispone de una memoria RAM de 5 GB.

Instalar Windows y Linux asignando espacio para cada partición

Otro caso que se puede dar es tener *Windows* instalado en el equipo y querer formatearlo e instalar desde cero tanto *Windows* como *Linux*.

Después de arrancar la ISO o el CD de instalación de *Windows,* seleccionar **Instalar Windows** y aparecerá una pantalla como la que ve en la siguiente imagen, donde se muestran las particiones de disco, dos de ellas reservada para el sistema, otra sin asignar y otra como "Partición 3". Se debe dejar seleccionada la Partición 3 para instalar *Windows 11,* dejando el espacio sin asignar disponible para *Ubuntu.* Se hará clic en **Siguiente.**

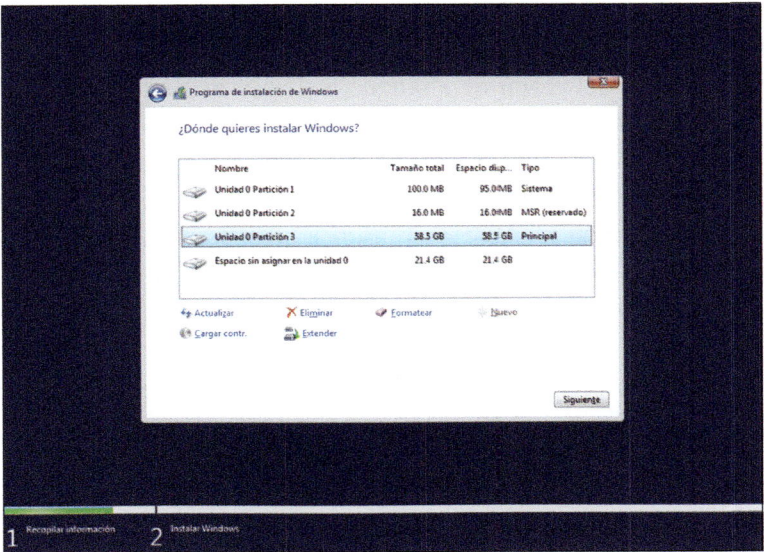

Pantalla en Windows donde se muestran las particiones que se disponen.

Para crear la Partición 3, será necesario pulsar en **Nuevo,** asignándose el espacio necesario. Se expone como ejemplo el caso de disco, sin particionar, de 80 GB:

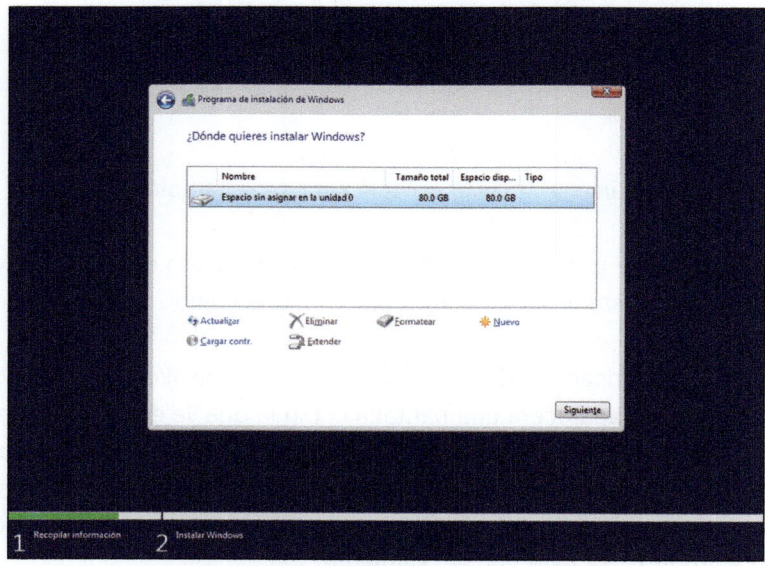

Pantalla en Windows donde se muestra el espacio libre del disco.

Cuando tenga *Windows* instalado, pase a instalar *Ubuntu*, ya que es beneficioso por el tema del gestor de arranque instalar *Linux* en último lugar. A la hora de asignar el espacio, en *Ubuntu* aparecerá la siguiente pantalla.

Seleccione la opción de **Instalar Ubuntu junto a Windows Boot Manager,** donde se podrá seleccionar el espacio sin asignar creado previamente. El sistema operativo se instalará en el espacio libre que se dejó al instalar *Windows 11,* y asignando automáticamente la partición SWAP.

Si se ha creado una partición de datos en común, la cual pueda ser accesible por los sistemas operativos instalados en el disco, se puede hacer a archivos desde los dos sistemas operativos.

Pantalla de Ubuntu que muestra el tipo de instalación que deseamos realizar

Recuerde

Si se quiere instalar dos sistemas operativos, uno de *Windows* y otro de *Linux*, primero se debe instalar *Windows* para que cuando se instale *Linux* prevalezca su gestor de arranque, ya que este detecta *Windows* y no viceversa.

Salvaguarda de datos

El fin de la política de salvaguarda de datos es mantener a buen recaudo estos para poder disponer de los que más interesan al usuario, o datos a nivel de un negocio tanto de clientes, compras, ventas, y así evitar cualquier pérdida en caso de incidente.

Para salvaguardar los datos importantes se realizan copias de seguridad con menor o mayor frecuencia, dependiendo del valor que se le dé a los datos que se almacenan en el sistema. Para esto se realiza un calendario de copias de seguridad donde se marcan las pautas a seguir para la realización de dichas copias.

Existen tres tipos importantes de copias de seguridad:

- **Copia completa:** se realizará una copia exacta de los datos en un medio aparte.
- **Copia incremental:** este tipo de copia de seguridad es la más avanzada ya que solo copia los ficheros creados o modificados desde la última copia, ya sea hecha completa o incremental.
- **Copia diferencial:** este tipo de copia de seguridad reproduce los archivos que han sido creados o modificados mirando la fecha de modificación de estos desde la última copia de seguridad a modo completo y en algunos casos desde la última copia a modo incremental.

 Nota

Para una empresa, el activo más importante es la información de que dispone en el sistema informático, por eso es básico realizar copias de seguridad y dotar de seguridad al sistema informático.

 Actividades

2. Busque información sobre los gestores de arranque en *Linux*.

Copia de seguridad en Windows

Windows 11 tiene instalado un gestor de copias de seguridad, denominado **Historial de archivos.**

Como primer paso, dirigirse a **Panel de Control** y en **Sistema y Seguridad** eligir **Historial de archivos.**

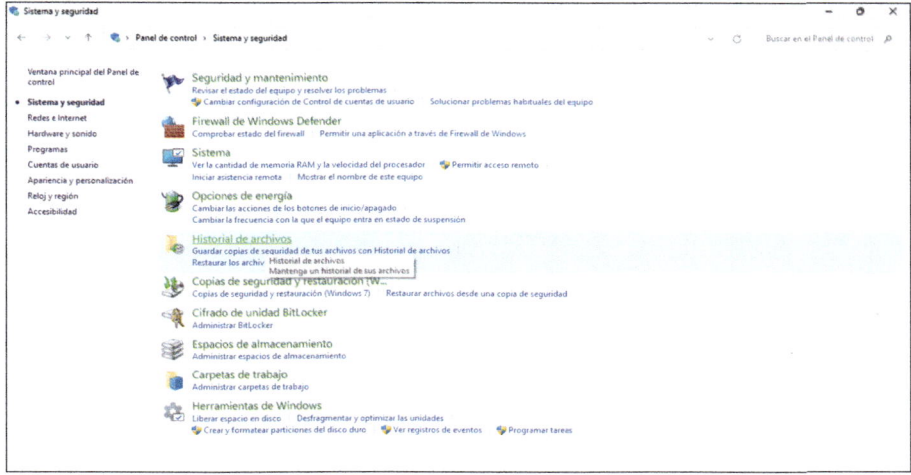

Panel de control, donde está la opción de realizar una copia de seguridad del equipo.

En la ventaja que se abrirá elija, en la parte inferior izquierda de la pantalla **Copia de seguridad de imagen del sistema.**

Ventana de Copia de seguridad, donde está la opción de crear una imagen del sistema.

Una vez dentro, elija **Crear una imagen del sistema.**

Ventana de Copia de seguridad, donde se configurarán dichas copias.

Elija el disco duro del que se quiere realizar la copia de seguridad.

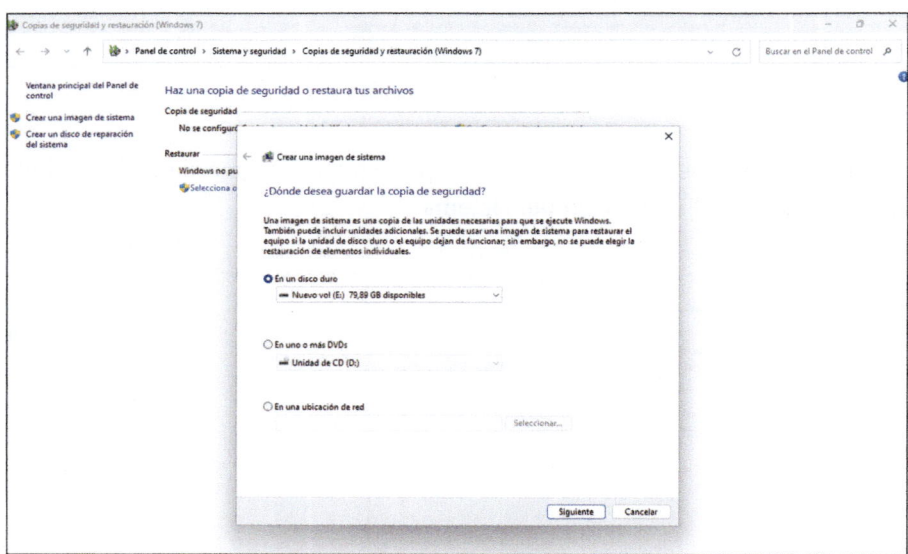

Ventana de Copia de seguridad, donde aparecen las ubicaciones donde guardar dicha copia.

Aparecerá la siguiente pantalla de confirmación. Pulsar en **Iniciar la copia de seguridad.**

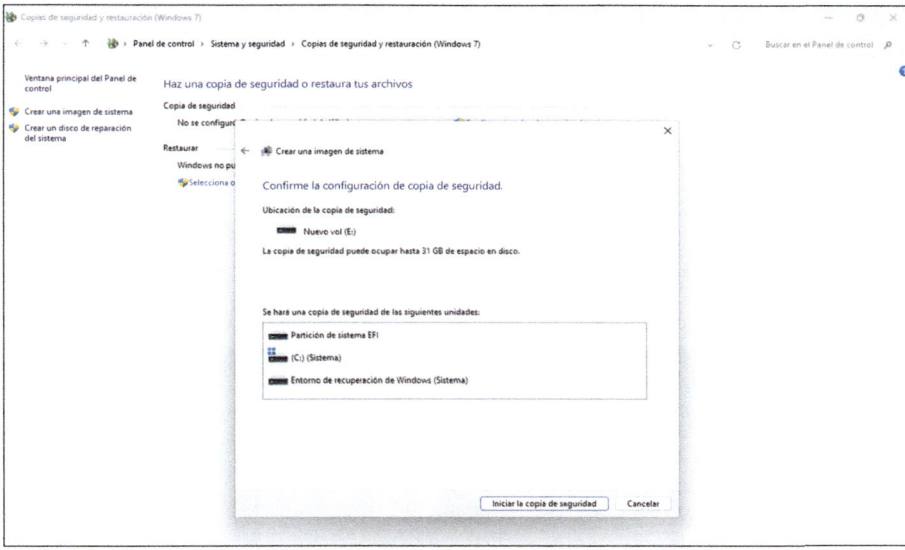

Ventana de Copia de seguridad, donde se muestra la manera de elegir los datos a incluir en la copia.

Luego, aparecerá una barra de progreso, que cuando termine le preguntará si quiere realizar un disco de reparación del sistema. Se debe indicar: **No.** La imagen del disco se encontrará ubicada, en este caso, por utilizar el disco D: en *D:/WindowsImageBackup.*

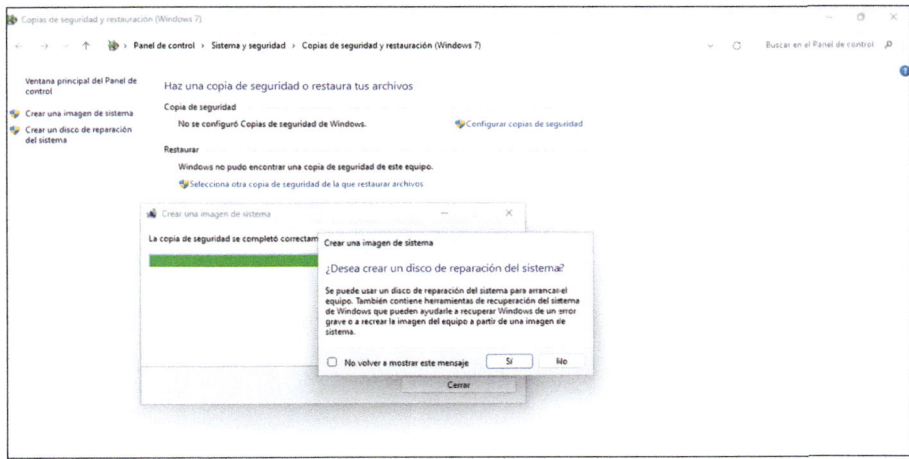

Ventana para confirmar la copia de seguridad

Copia de seguridad en *Linux*

Con *Linux* también se pueden programar copias de seguridad gracias a un programa integrado en el sistema, en este caso se verá con *Ubuntu 24.04*. El programa que *Ubuntu* utiliza es *Respaldo*, y ofrece múltiples configuraciones para realizar la copia de seguridad.

Abrir la aplicación y aparecerá la siguiente pantalla:

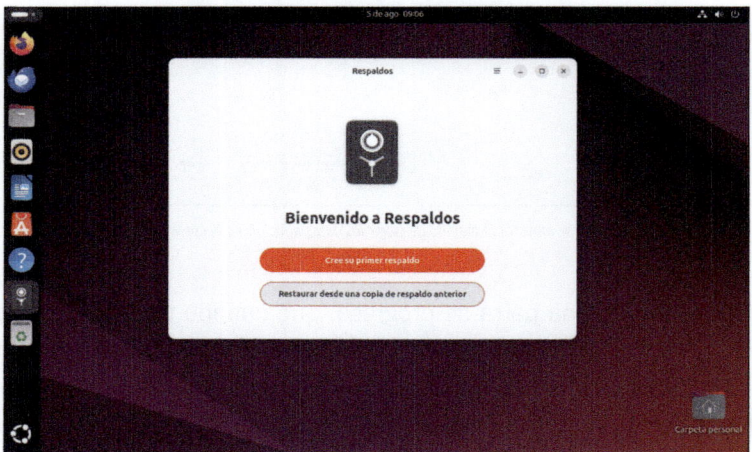

Página de inicio de la aplicación

En el menú "hamburguesa", seleccionar el apartado de **Planificación,** donde se decidirá la frecuencia de copia y el tiempo que se mantendrá almacenada.

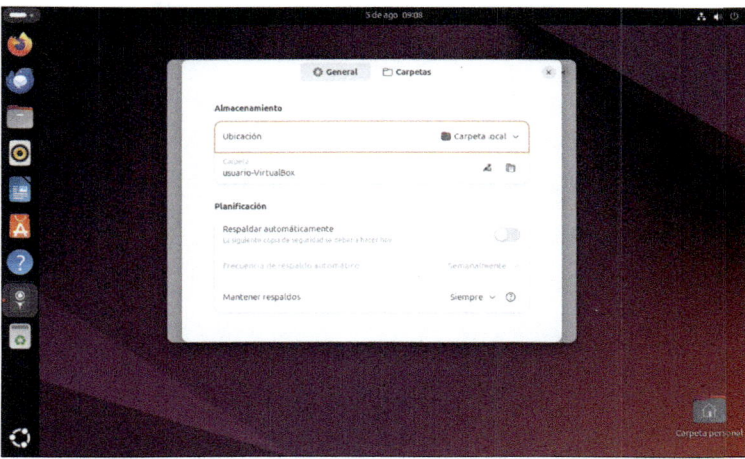

Planificación de la copia de seguridad, en frecuencia y tiempo de almacenamiento de la copia

Asimismo, se podrá agregar o eliminar carpetas que se quieran guardar o ignorar a través de la pestaña **Carpetas.**

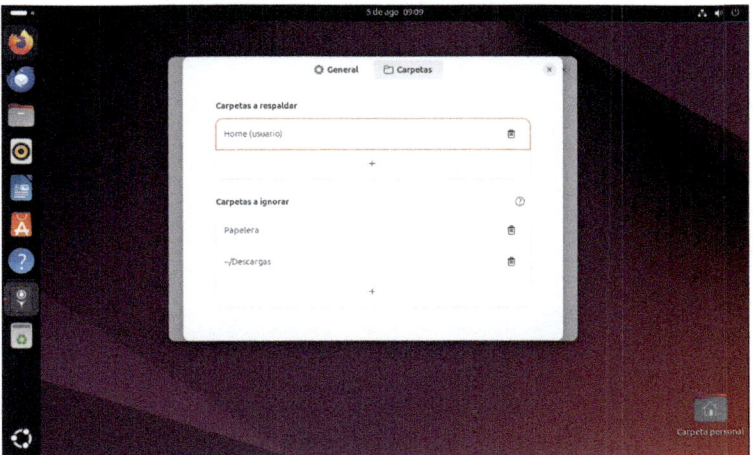

Planificación de la copia de seguridad, lugar donde se almacenan las copias.

Cuando se cierre la ventana, se podrá pulsar en el botón naranja inicial de **Cree su primer respaldo.** Se abrirá la siguiente ventana y se debe seleccionar **Adelante.**

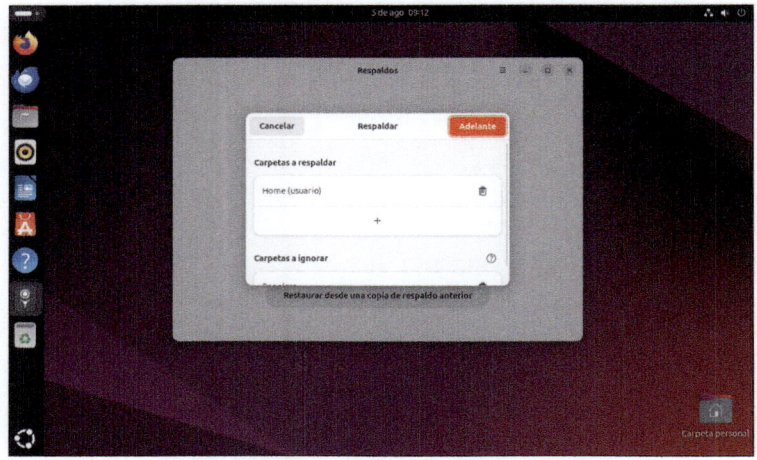

Planificación de la copia de seguridad, selección de carpetas para realizar la copia

En la siguiente ventana, se seleccionará la ubicación y **Adelante.**

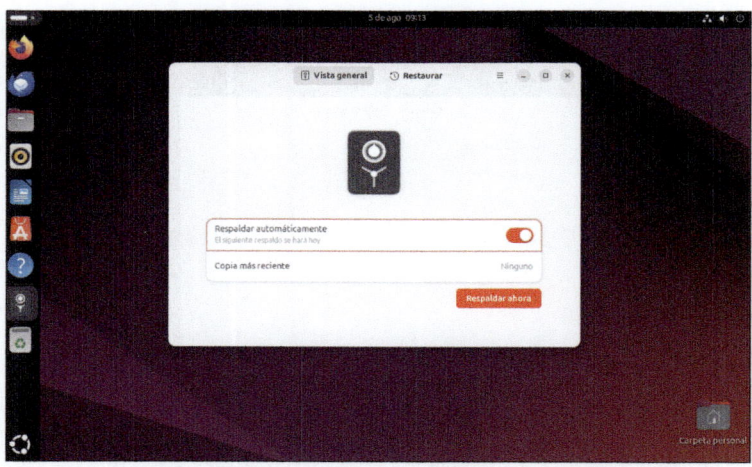

A continuación, saldrá un cuadro de diálogo que dirá **Respaldando...** y solicitará una contraseña de cifrado. Posteriormente pulsar en **Vista general** y a continuación en **Respaldar ahora.**

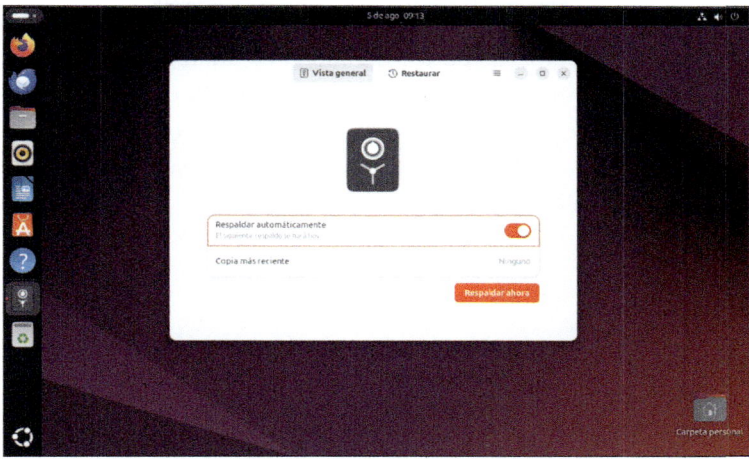

Una vez finalizado, se tendrá la imagen con la copia de seguridad en la ubicación disponible en la pestaña **Ubicación de almacenamiento.** Si fuese necesario restaurarla, en la pestaña **Vista general** se debe elegir la opción **Restaurar** y seleccionar la imagen a restaurar.

Una vez realizadas las copias de seguridad, los datos tanto personales como de la empresa están a buen recaudo, sabiendo que cada cierto tiempo habrá que actualizar las copias para que los nuevos datos estén incluidos en las copias de seguridad. Si hubiera cualquier incidente que incluyera la pérdida de datos, solo quedaría restaurar las copias de seguridad realizadas.

Además de realizar copias de seguridad de los datos que se alojan en los ordenadores, para evitar posibles desastres en los equipos se deben también tomar otras medidas como:

- Restringir el acceso a programas y archivos a determinados usuarios mediante permisos y claves.
- Uso correcto y adecuado de programas utilizados por parte de los usuarios.

Las copias de seguridad realizadas sería conveniente que no estuviesen en el lugar de trabajo, ya que si ocurriese algún incidente de tipo natural o humano, como robos o destrozos en los equipos, se pudieran restaurar las que estén a salvo fuera del entorno de trabajo. De esta manera se implementará una política de salvaguarda de datos, fijando la calendarización de las copias, manteniéndolas fuera del entorno de trabajo para evitar sus pérdidas en caso de desastre natural o robo en la empresa y cumpliendo con los requisitos mencionados anteriormente en relación a uso correcto de datos y programas y de restricción de recursos a determinados usuarios.

 Aplicación práctica

Imagine que debe realizar una copia de seguridad de la carpeta Windows y Archivos de programa, las cuales están dentro del disco duro (C:). La copia de seguridad se guardará en una unidad extraíble y las copias de seguridad de estas carpetas se deberán realizar todos los viernes a las 22:00 horas.

SOLUCIÓN

Diríjase a **Panel de Control, Sistema y seguridad, Copia de seguridad y restauración** y pinche en el botón de **Configurar copias.**

Se desplegará una ventana donde seleccionará el destino de la copia de seguridad, este caso el disco extraíble (E:). Seguidamente seleccione las carpetas de las cuales se realizarán las copias, en este caso Windows y Archivos de Programa. Configure la frecuencia de la copia y seleccione **Semanal, Viernes** y **22:00**. Una vez esté todo configurado acepte la operación y se creará un archivo en el destino seleccionado.

3. La política de nomenclatura de los diferentes sistemas y el desarrollo de un mapa de red para documentarlo

Las grandes empresas requieren de infraestructuras de telecomunicaciones que deban soportar gran variedad de servicios para permitir la transferencia de datos de manera fiable y segura a través del sistema. Por ello, se define una serie de normas a seguir para el correcto montaje e identificación tanto del cableado como de dispositivos del sistema.

En lo referente a redes, existen redes cableadas o inalámbricas. Si la red es cableada es necesario cumplir con unas normas, además de que cada ordenador del sistema debe estar conectado por medio de un cable a un aparato como puede ser un *switch* o *router*. Para poder llevarlo a cabo es necesaria la instalación de cableado a través de paredes y techos. En cambio, si la conexión a la red es inalámbrica, este problema de cableado se puede ahorrar.

3.1. Norma que establece la nomenclatura de los sistemas

La administración del sistema de cableado en edificación de telecomunicaciones viene definida por la norma TIA/EIA 606, la cual señala unos pasos a seguir. Cada uno de los elementos del sistema debe estar identificado mediante códigos, colores y etiquetas identificativas. El fin de esta identificación es señalar cada uno de los servicios, para que en algún momento dado se pueda habilitar o deshabilitar tras un fallo, detallando cada cable por su tipo, función o aplicación. Esta norma indica que hay que dar la máxima cantidad de información a los usuarios finales, proporcionando la nformación donde se indique la forma en que está distribuida la red, puntos de conexión, medios y dispositivos utilizados y planos de todos los pisos, donde esté la oficina, detallando:

- Ubicación de los gabinetes de telecomunicaciones.
- Ubicación de guías a utilizar en el cableado vertical.
- Posicionamiento detallado de los puestos de trabajo.
- Ubicación de tableros eléctricos en caso de ser necesaria su instalación.
- Ubicación si existe de las distintas comunicaciones entre pisos del mismo edificio.

La identificación del cableado de telecomunicación viene definida por una tabla, donde cada cable irá de un color que tiene un significado determinado:

- Naranja: determina la terminación central de oficina.
- Verde: conexión de red.
- Purpura: conexión mayor.
- Blanco: terminación de cable MC a IC.
- Gris: terminación de cable IC a MC.
- Azul: terminación de clave horizontal.

- Marrón: terminación de cable del campus.
- Amarillo: mantenimiento auxiliar, alarmas y seguridad.
- Rojo: sistema telefónico.

La administración de la infraestructura de telecomunicaciones requiere de una documentación que incluya:

- Etiquetas. El etiquetado se debe llevar a cabo mediante etiquetas individuales y firmemente sujetas al elemento o marcado directamente sobre dicho elemento, pero es recomendable el etiquetado individual con adhesivos.
- Identificadores. Cada elemento se le debe asignar una identificación para conectarlo a su correspondiente dispositivo. Por ejemplo, para identificar un cable se podría usar la nomenclatura: Cxxx.
- Registros grabados. Colección de información relacionada con cada elemento específico, incluyendo identificadores y conexiones.
- Planos. Se debe incluir un plano del piso o pisos donde está implantado el sistema de telecomunicaciones, detallando la ubicación de los gabinetes de telecomunicaciones, las estaciones de cableado vertical, los distintos puestos de trabajo, ruta de todos los cables y tomas de telecomunicación.
- Procesos de trabajo. Se debe documentar los cambios a realizar en el entorno de trabajo, si se diera el caso, para implementar la estructura de telecomunicaciones, indicando quién es el responsable de las operaciones físicas en el entorno y el personal encargado de actualizar la documentación si fuese necesario.

La norma TIA/EIA 606 establece en cuanto a la administración de espacios y rutas:

- Etiquetado de rutas. Las rutas deben ser etiquetadas en todos los puntos de terminación y sería muy recomendable el etiquetado adicional.
- Etiquetado de espacio. Todos los espacios deben ser rotulados, y a ser posible que el rótulo se fije en la entrada de cada espacio.
- Informes de rutas y espacio. Se recomienda realizar informes tanto de rutas, donde especificar el contenido, la carga, etc., como de espacio, donde especificar qué tipo de espacio es y su localización.

■ Los elementos llamados de terminación, como paneles eléctricos, *switch,* etc., deben estar etiquetados con un identificador único, al igual que cada conector de dicho elemento debe estar etiquetado con un identificador único.

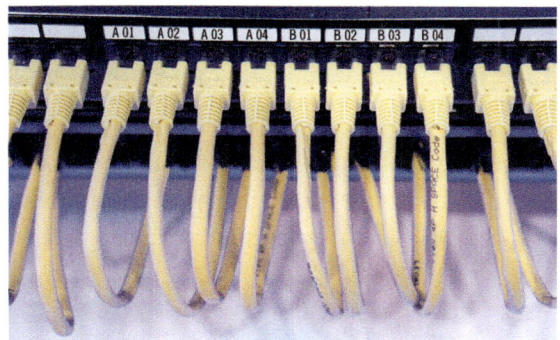

Identificación mediante etiquetas de los puertos de conexión de red

A continuación, se desarrollará un caso práctico de identificación de una estructura de telecomunicaciones:

Identificación de una estructura de telecomunicaciones en un edificio

Cuarto de telecom "4A"	Oficina	Cuarto de telecom "4B"
Cuarto de telecom "3A"	Oficina	Cuarto de telecom "3B"
Cuarto de telecom "2A"	Oficina	Cuarto de telecom "2B"
Cuarto de telecom "1A"	Oficina	Cuarto de telecom "1B"

Se puede observar que por cada planta, además de encontrar las oficinas de trabajo, se ubican dos cuartos de telecomunicaciones, donde, por ejemplo, se alojan los servidores.

Identificación de una estructura de telecomunicaciones en un edificio

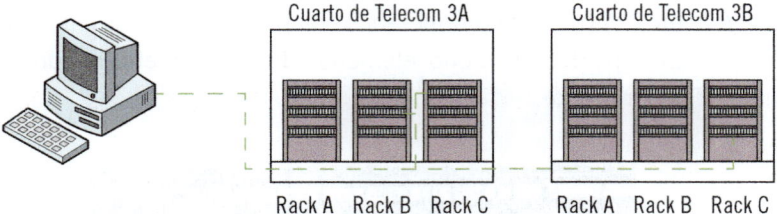

En la imagen se puede observar la conexión de un PC con un servidor alojado en una sala de una planta, en este caso en el cuarto de telecomunicaciones B de la planta 3. A su vez dichas salas se comunican entre sí por medio de los distintos servidores que allí se alojan.

Identificación de conectores en la sala de telecomunicaciones

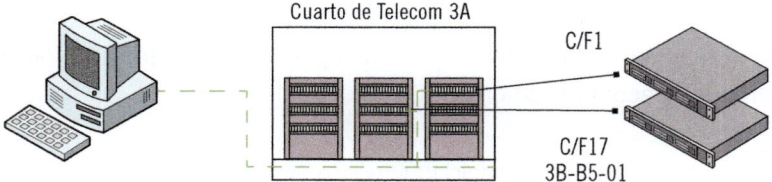

 Actividades

3. Busque información en Internet sobre las normas TIA/EIA.
4. Indique el código de colores del cableado en la norma TIA/EIA 606.

Esta imagen aporta cómo identificar una serie de conectores, en este caso de Rack C, donde C/F1 se refiere a la primera fila de conectores del Rack C y C/F17 la fila numero 17 de Rack C, la cual conecta con la sala 3B, en este caso la roseta B5, en su primer conector.

**Esquema de un ordenador conectado a roseta, la cual
está conectada a su vez con sala de telecomunicaciones**

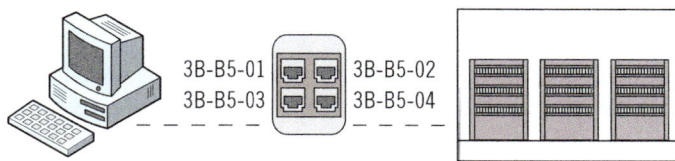

Todo conector deberá estar identificado; tanto el conector individual como la toma donde se encuentre conectado. Por ejemplo, si se dispone de una roseta (B5), la cual está conectada a un ordenador (O2), en el *switch* donde están todos los equipos conectados se debe encontrar un puerto con la etiqueta B5 correspondiente a la roseta.

 **Recuerde**

La TIA, *Telecommunications Industry Association,* está acreditada por el ANSI *(American National Standards Institute),* basado en unos estándares de la industria para productos de las TIC. La EIA, *Electronics Industry Association,* es una asociación formada por compañías electrónicas y de alta tecnología, y su misión es promover el desarrollo de mercado y la competitividad de la alta tecnología.

Aplicación práctica

Imagine que es el encargado de subsanar un problema de conexión de un PC de la oficina donde trabaja, y al entrar en la sala de telecomunicaciones se encuentra que los cables del siguiente módulo están desconectados. ¿Qué indica las anotaciones del módulo de conexión de la imagen?

SOLUCIÓN

Puede observar que la anotación B/F5 indica el panel de conexiones B, fila número 5. La anotación que puede ver abajo indica que el primer puerto que aparece pertenece a la sala de telecomunicaciones A de la planta 3, donde se encuentra una roseta con la identificación C17 que conecta con el primer puerto 01.

3.2. Desarrollo de un mapa de red para documentarlo

Un mapa de red es una representación gráfica de todos los ordenadores y dispositivos que forman parte de una red, y muestra cómo están conectados entre sí. De esta manera un mapa de red ayuda al administrador de red a identificar, solo visualizando dicho mapa, si hay algún ordenador o dispositivo de la red el cual no tiene acceso a la misma o al servidor de la empresa.

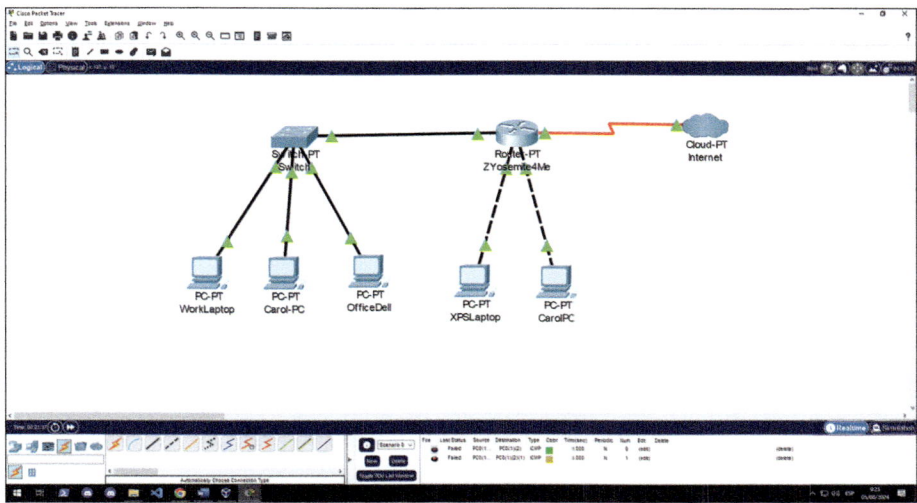

Mapa de una red cualquiera

Para desarrollar un mapa de red se debe tener en cuenta:

- El mapa debe ser preciso, ordenado y técnicamente posible, y así saber dónde se ubicara cada ordenador o dispositivo y dónde hay paredes que pudieran bloquear o impedir la instalación del cableado.
- Ubicar en el mapa los dispositivos hubs, donde irá el modem o *router.*
- Asignar a cada dispositivo un nombre significativo. Por ejemplo, una roseta a la cual se conectan cuatro equipos se podría identificar como B5. Identificar el punto de acceso al cableado para cada dispositivo. Siguiendo con el ejemplo anterior, a la roseta se conectarán varios cables, según las entradas de las que disponga la roseta, en este caso cuatro, las cuales se identifican como B5-01, B5-02, B5-03 y B5-04, donde se conectará un cable de red identificado como: Cxxx.

Actividades

5. Señale qué características debe cumplir el etiquetado de los distintos componentes de un sistema de telecomunicaciones.

Recuerde

Linux no dispone de ningún método para ver el mapa de red del sistema y no se observa gráficamente del mismo modo que en *Windows,* por lo que se utilizan diversas aplicaciones exteriores, las cuales detallan dicha red, como, por ejemplo, *Cmap Tools* y *Zennmap.*

4. Distintos sistemas de ficheros para estudiar la nomenclatura seleccionada y los datos de acceso y modificación de los ficheros, así como los permisos de los usuarios de acceso a los mismos

Los sistemas de ficheros o sistemas de archivos son métodos para el almacenamiento y organización de los archivos que se alojan en el dispositivo de almacenamiento. Los sistemas de ficheros son usados en discos duros, memorias extraíbles, CD-ROM, etc. Los sistemas de fichero son implementados para el almacenamiento, organización jerárquica, manipulación, acceso, direccionamiento y recuperación de datos.

Cada sistema operativo tiene su sistema de archivos asociado, aunque puedan soportar y leer otros. Los sistemas de archivos pueden estar clasificados en tres categorías:

■ **Sistemas de archivos de disco:** estos sistemas de archivos están pensados para el almacenamiento de archivos en una unidad de disco.

- **Sistemas de archivos de red:** estos sistemas de archivos acceden a dichos archivos a través de una red. A su vez se encuentran los sistemas de ficheros distribuidos y los sistemas de ficheros paralelos.
- **Sistemas de archivos de propósito especial:** son los demás sistemas de archivos, los que no se engloban en sistemas de archivos de disco ni de red. Entre sus funciones están permitir que el núcleo muestre los procesos que controla y dejar que el núcleo utilice espacio de almacenamiento secundario para gestión de la memoria virtual, como el SWAP.

 Nota

Los sistemas de archivos de disco más importantes tanto para *Linux* y *Windows* son EXT4 y NTFS, respectivamente. Algunos sistemas de archivos de red distribuidos son AFS, CIFS, etc.; y como sistemas de archivos paralelos se pueden encontrar PVFS y PAFS. Sistemas de archivos de propósito espacial son: acme, ftpfs, cfs, etc.

Los sistemas de archivos de disco son los que centrarán este punto. Se verán los sistemas de ficheros más importantes usados en *Linux* y *Windows*, como son EXT4 y NTFS, respectivamente.

EXT4 es el sistema de ficheros más utilizado en *Linux*, siendo una mejora de su antecesor EXT3. Sufre una notable mejoría respecto a EXT3, ya que modifica estructuras de datos del sistema de archivos tales como las destinadas al almacenamiento de los archivos de datos. Soporta volúmenes de hasta 1 Exabyte y archivos con tamaño de hasta 16 TB. Tiene un uso menor de CPU y mejora el proceso de lectura/escritura. También tiene una nueva capacidad que puede llegar a eliminar la fragmentación por completo, reservando un área contigua para un archivo llamada extends. Estos sustituyen al esquema de bloques que se usaba tanto en EXT2/EXT3. Es un conjunto de bloques físicos dispuesto contiguamente, que mejoran la manera de trabajar con ficheros grandes y reducen la fragmentación.

El sistema de archivos que actualmente implementa *Windows* es NTFS. Este sistema de archivos reemplazó a FAT, que era utilizado en versiones antiguas de *Windows* y *DOS*. Este sistema de archivos está basado en HPFS de IBM/Microsoft, que se usaba en el sistema operativo *OS/2*. NTFS permite definir el tamaño del clúster independientemente del tamaño de la partición; el tamaño mínimo de bloque es de 512 *bytes* y admite compresión de archivos y encriptación. El principal inconveniente es que necesita mucho espacio en disco para sí mismo, por lo que es recomendable utilizarlo en discos con más de 400 MB libres, y el tamaño mínimo recomendado para cada partición que tenga NTFS es de 10 GB.

 Nota

El sistema operativo OS/2 fue desarrollado inicialmente entre Microsoft e IBM, hasta que Microsoft comenzó con su proyecto Windows 3.0 y fue IBM quien siguió con su desarrollo. Actualmente se vende con el nombre de *eComStation.*

 Actividades

6. Busque información sobre los sistemas de archivos de red.
7. NTFS está basado en el sistema operativo HPFS creado por IBM junto a Microsoft. Recopile información sobre el sistema de archivos HPFS.

Las rutas de acceso a archivos almacenados en distribuciones *Windows* o en las *Linux* cambian. La ruta de acceso para una imagen en *Windows* es:

C:\Documents and Settings\Usuario\Mis imágenes\imagen1.jpg.

Donde **C:** es el disco duro del ordenador; **Documents and Settings\Usuario\ Mis imágenes** es la ruta donde está alojada la imagen; e **imagen1.jpg** es el propio archivo, en este caso una imagen con extensión .jpg.

En *Linux* para acceder a una imagen la ruta que se sigue es la siguiente:

/home/Usuario/Imágenes/Imagen1.jpg.

Donde **/** es el directorio raíz donde se encuentra el sistema de archivos instalado; **home/Usuario/Imágenes** es la ruta del archivo; e **Imagen1.jpg** es el archivo.

La estructura jerárquica de ficheros en ambos sistemas operativos es muy distinta. En *Windows* es mucho más clara e intuitiva, siendo solo tres carpetas las más importantes:

- **/Windows/:** es la carpeta donde están almacenados los archivos del sistema operativo y todas las herramientas para su mantenimiento, archivos para su arranque y recuperación del sistema. Su fin es el correcto funcionamiento del sistema operativo. Se muestra como carpeta principal dentro de **C:**, dentro de esta carpeta se alojan dos subdirectorios que son indispensables para el sistema operativo: System y System32.
- **/Documents And Settings/:** es la carpeta donde se alojan los archivos de los usuarios que acceden al sistema, tantos usuarios como estén dados de alta en el sistema. Existirán carpetas para cada usuario donde almacenarán sus archivos personales, como imágenes, música, etc.
- **/Archivos de Programa/:** es la carpeta donde se alojan los programas que se instalan en el ordenador.

La estructura jerárquica de carpetas en *Linux* es más compleja y amplia. En las primeras distribuciones de *Linux* se podían encontrar diferencias estructurales del árbol de directorios ya que no seguía un estándar fijo. Para esto se creó el FHS, Estándar de Jerarquía de Sistema de Ficheros. FHS establece detalladamente los nombres, ubicaciones, permisos de archivos y directorios, contenidos, etc., un conjunto de reglas donde se establece una distribución común de directorios y archivos en *Linux*. El Estándar de Jerarquía de Sistema de Ficheros no es más que un documento guía el cual puede ser seguido por los diferentes creadores de nuevas distribuciones de *Linux*, pero si se aplica, el entorno será más compatible con la mayoría de las distribuciones.

En *Linux* todo se puede considerar como un archivo, tanto los componentes *software* como *hardware*, así se define el concepto de montar/desmontar una unidad de CD-ROM, *pendrive*, etc. Estos se montan como subdirectorios en el sistema de archivos, en dicho subdirectorio se ubicará el contenido del dispositivo, CD-ROM o *pendrive*, cuando esté montado o directorio vacío cuando este desmontado.

Los objetivos de FHS son proporcionar un sistema de archivos estandarizado y coherente, especificar archivos y directorios mínimos requeridos por el sistema.

La jerarquía de carpetas en *Unix/Linux* es muy amplia. El directorio principal del cual fluye toda la jerarquía de carpetas es el directorio raíz, /. Dentro de este directorio se encuentran carpetas como puede ser boot, la cual aloja todo lo necesario para el arranque del sistema almacenando archivos compilados del *kernel*.

En cuanto a lo referente al directorio que aloja los programas, se encuentra la carpeta bin, también en el directorio etc. Contiene archivos necesarios para la configuración del sistema utilizados para controlar algunos programas. El directorio opt contiene instalaciones de complementos de programas y otros programas, los cuales no son necesarios para el funcionamiento del sistema.

Cada usuario tiene un directorio propio alojado en home, excepto el usuario root que tiene su propio directorio con el mismo nombre, *root*.

Para los dispositivos externos, el directorio raíz contiene la carpeta dev que almacena definiciones de los dispositivos, es decir, cada dispositivo tiene un archivo que el *kernel* soporta. El directorio mnt contiene sistemas de archivos que hayan sido montados.

Estos son algunos de los directorios que se aplican a *Linux*, establecidos en el FHS.

Permisos de los usuarios

Los archivos, ficheros, etc., que están alojados en el sistema pueden ser accesibles tanto en lectura o escritura para los usuarios que estén dados de alta en el sistema por medio de los permisos de usuarios. Los sistemas de archivos actuales permiten la asignación de permisos, de este modo se asegura que solo puedan modificar archivos determinados usuarios. Los administradores del sistema son los encargados de asignar dichos permisos a los usuarios.

 Importante

El encargado de asignar permisos a los diferentes usuarios del sistema es el administrador del equipo, por tanto para esta acción habrá que acceder al sistema como Administrador.

En *Windows*, la manera de asignar permisos a usuarios para que tengan acceso o no a los diversos recursos del sistema es bastante intuitiva. A continuación, se verá cómo asignar permisos a un usuario para acceder al disco (C:) del sistema.

Después de haber iniciado sesión en *Windows* como Administrador, diríjase a la carpeta o archivo al que quiera asignar los permisos de usuario, en este caso el disco (C:), y sobre él haga clic con el botón derecho y seleccione **Propiedades.**

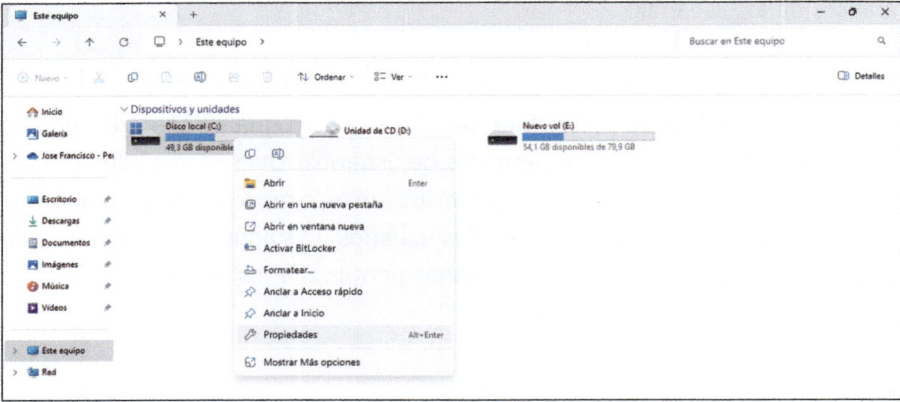

Menú contextual del disco (C:), en Propiedades se asignarán los permisos.

Una vez abierta **Propiedades,** seleccione la pestaña **Seguridad** y haga clic
en el botón **Editar...,** el cual abrirá una nueva ventana donde habrá de seleccionar al usuario que quiere añadir o quitar permisos; en este caso al usuario
seleccionado se le asignará **Control total** sobre el disco (C:). Una vez seleccionado el nivel de permiso dele a **Aceptar.**

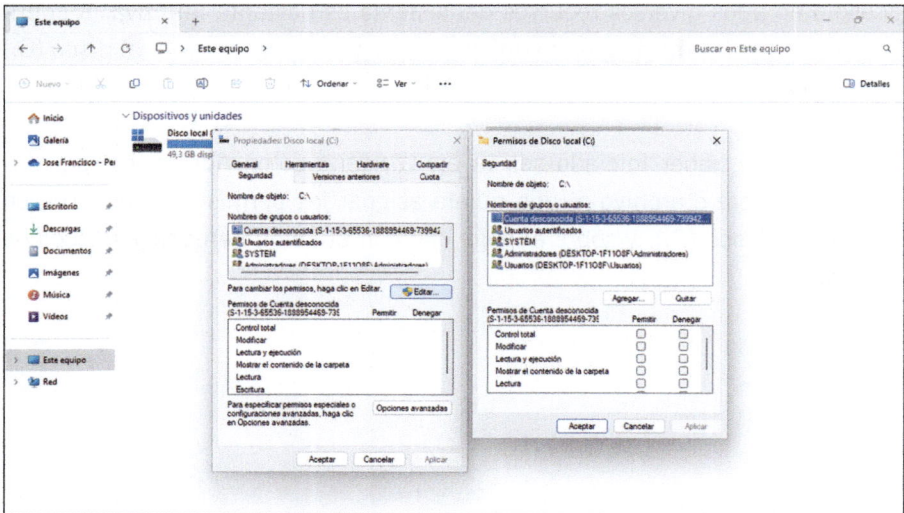

Ventana de asignación de permisos a usuarios

Una vez aceptada la operación, el usuario tendrá un control total sobre el directorio C:, para modificar, escribir o leer sobre dicha carpeta.

Los diferentes niveles de permiso en *Windows* son:

- **Control total:** los usuarios pueden ver contenido, cambiar archivos, crear nuevos archivos y carpetas y ejecutar programas en la carpeta asignada a dicho nivel de permiso.
- **Modificar:** los usuarios pueden cambiar archivos y carpetas, pero no crear ni archivos ni carpetas.
- **Leer y ejecutar:** los usuarios pueden ver el contenido de archivos y carpetas y ejecutar programas que se alojan en la carpeta.
- **Leer:** los usuarios pueden ver el contenido de una carpeta y abrir archivos y carpetas.
- **Escribir:** los usuarios pueden crear nuevos archivos y carpetas, también realizar cambios en los archivos y carpetas existentes.

En *Linux* todos los archivos obligatoriamente pertenecen a un usuario y a un grupo de usuarios. Cuando un usuario crea un archivo, él es el propietario de dicho archivo, y el grupo propietario será el del grupo del usuario. En *Linux* todos los archivos y directorios tienen tres niveles de permisos, los que se aplica al propietario, al grupo y al resto del sistema.

Hay que abrir la **Terminal** y escribir la ruta del directorio del cual se quiere ver los permisos de los recursos que incluye, en este caso se verá con la carpeta personal de Usuario.

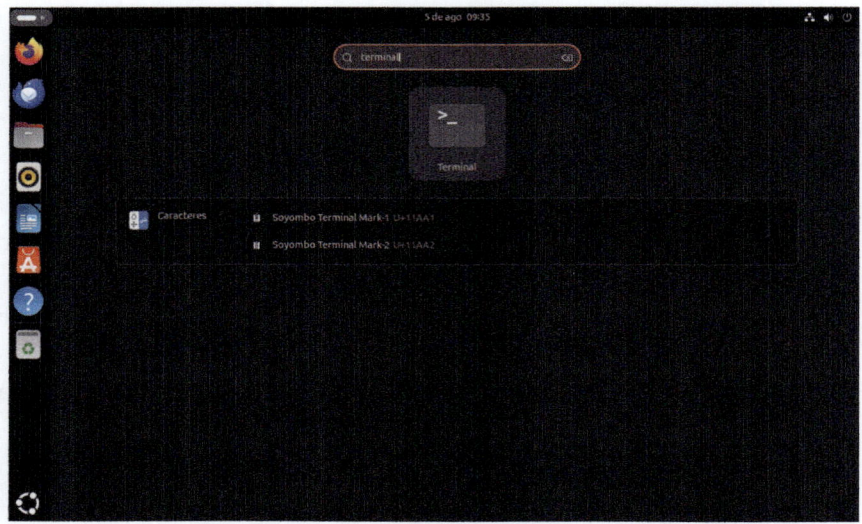

Para ver y modificar permisos en Linux se realizará por ventana de comandos en la Terminal.

 **Definición**

Terminal

Terminal en *Linux* es un intérprete de comandos, que hace de interfaz entre el usuario y el sistema operativo. A través de la Terminal se pueden realizar todo tipo de tareas sin utilizar la interfaz gráfica.

Por defecto el directorio muestra el escritorio, el cual está contenido en la carpeta personal de usuario. Para ver los permisos que tienen asignadas las carpetas del directorio se utiliza el comando **ls –l**.

Ventana de Terminal donde se muestran los permisos que tienen asignados los recursos que se encuentran en la carpeta personal del usuario.

La primera columna que está representada **(drwxr-xr-x)** representa el tipo de archivo y sus permisos; la siguiente columna **(2)** es el número de enlaces al archivo; la siguiente columna **(usuario usuario)** representa al propietario del archivo y el grupo propietario, respectivamente; los siguientes datos representan el tamaño del archivo, fecha y hora de la última modificación y el nombre del archivo.

El primer carácter de la primera columna representa el tipo de archivo y sus posibles valores son:

- **-:** representa un archivo común (texto, jpg, etc.).
- **d:** representa un directorio.
- **l:** representa un link, un acceso directo.
- **b:** representa un archivo binario, por lo general un archivo ejecutable.

Los siguientes nueve caracteres representan los permisos de los archivos, y deben de agruparse de tres en tres. El grupo de los tres primeros representa los permisos para el propietario del archivo; el siguiente grupo de tres representa los permisos para el grupo del archivo; y el último grupo son los permisos para el resto de usuarios. El significado de los caracteres es:

- **r:** *read*, permiso de lectura.
- **w:** *write*, permiso de escritura.
- **x:** *execution*, permiso de ejecución.

Estos caracteres son bit que representan que están activos, o apagados cuando su representación es un guion (-).

Los permisos también se pueden leer y asignar de forma numérica octal, quedando de la siguiente manera el bit: $x = 2^0$, $w = 2^1$, $r = 2^2$.

- **r** = 4.
- **w** = 2.
- **x** = 1.

Definición

Sistema numérico octal
Es un sistema numérico en base 8 y utiliza dígitos comprendidos entre 0 y 7.

Siendo 7 el valor que asigna todos los permisos de lectura, escritura y ejecución, y 0 no tiene ningún permiso.

Se asignará permiso de lectura, escritura y ejecución tanto al usuario propietario, el grupo propietario y los demás usuarios del sistema, al archivo **examples. desktop.** Primero hay que ver los permisos que tenía asignado antes de realizar el cambio:

```
-rw-r--r-- 1 usuario usuario  167 2013-10-28 11:03 examples.desktop
```

Después de insertar la sentencia de asignación de permisos en la **Terminal** el resultado sería:

```
usuario@usuario-desktop:~$ chmod 777 examples.desktop
usuario@usuario-desktop:~$ ls -l
total 36
drwxr-xr-x 2 usuario usuario 4096 2013-10-28 11:56 Descargas
drwxr-xr-x 2 usuario usuario 4096 2013-10-28 11:56 Documentos
drwxr-xr-x 2 usuario usuario 4096 2013-10-28 11:56 Escritorio
-rwxrwxrwx 1 usuario usuario  167 2013-10-28 11:03 examples.desktop
drwxr-xr-x 2 usuario usuario 4096 2013-10-28 11:56 Imágenes
drwxr-xr-x 2 usuario usuario 4096 2013-10-28 11:56 Música
drwxr-xr-x 2 usuario usuario 4096 2013-10-28 11:56 Plantillas
drwxr-xr-x 2 usuario usuario 4096 2013-10-28 11:56 Público
drwxr-xr-x 2 usuario usuario 4096 2013-10-28 11:56 Videos
```

Ventana de Terminal donde se muestra el cambio de permisos del archivo seleccionado.

El comando para asignar el permiso, **chmod** 777, se estructura de la siguiente manera:

- "El primer digito 7" es la suma en octal de los permisos de *read*, *write* y *execution*. Como se ha visto, asignar el permiso *read* tiene un valor en octal de 4, el permiso *write* tiene un valor octal de 2 y el de *execution* valor octal de 1. La suma de todos los valores del lote es 7, el cual se refiere a los permisos del propietario del archivo.
- "El segundo digito 7", de igual forma que el lote anterior, se le asignan todos los permisos al grupo de propietario, con una suma total de 7.
- "El tercer digito 7" se le asignan todos los permisos al resto de usuarios, por eso el resultado de la suma en octal es 7.

Con los permisos asignados a los usuarios que se desee, estos podrán leer, escribir, modificar y ejecutar según lo necesiten.

Actividades

8. Señale qué define la siguiente expresión: drwxr--r--

Aplicación práctica

En la empresa donde trabaja como administrador de sistemas es el encargado de asignar permisos a recursos del sistema para que accedan determinados usuarios. El sistema operativo con el que se trabaja es *Ubuntu* de *Linux*. El administrador restringirá la escritura y la ejecución en carpetas del directorio raíz '/', para el grupo propietario y los demás usuarios. Solo podrán ser leídas y el propietario tendrá total acceso. Las carpetas a restringir son: /lib/, /bin/, /boot/ y /var/.

SOLUCIÓN

Como administrador que es acceda al sistema y abra un **Terminal,** para cambiar al directorio raíz "/"; escriba en la consola **"cd /"**.

Una vez en el directorio raíz, liste las carpetas que contiene con el comando **"ls -l"**, y aparecerá una lista con las carpetas que contiene el directorio raíz y los permisos actuales.

Escriba cada permiso uno a uno, con el comando **"chmod"**:

chmod lib 744
chmod bin 744
chmod boot 744
chmod var 744

Hay que recordar que debe tener permisos de administrador para realizar esta acción.

5. La migración de datos entre diferentes sistemas

La migración de datos es el proceso de trasladar datos desde sistemas existentes a sistemas nuevos. Este proceso contempla los pasos de limpiar, corregir y mover datos al nuevo sistema.

Cuando se cambia de base de datos, aplicaciones o al cambiar de sistema operativo hay que conseguir que los datos antiguos funcionen en el nuevo entorno. Se necesita transformar los datos a un formato conveniente para el nuevo entorno y preservar la información del viejo. Este proceso de migración se trata de una tarea delicada y es recomendable realizarlo primero en un entorno de pruebas. Una vez se está seguro de haberse realizado correctamente, se puede pasar a realizar la migración en el entorno real.

 Nota

UTF-8 es un formato de codificación de caracteres Unicode. Incluye alfabetos como griego, cirílico, árabe, chino, coreano, japonés, etc.

El proceso de migración puede ser muy costoso de llevar a cabo por sucesos como:

- El formato de exportación no coincide con el formato de importación.
- Otro problema es el referente a la codificación, hay que evitar que los datos que provienen del sistema antiguo tengan la misma codificación que se usará en el nuevo sistema.

El proceso de migración se puede definir en cinco fases:

- **Especificación del entorno de migración.** El objetivo de esta fase es definir el entorno de los procesos de migración y la carga inicial de los datos, es decir, todo el entorno tanto *hardware* como *software,* adecuando las necesidades que se han reflejado en un plan de migración. Para definir el entorno es necesario describir las herramientas y utilidades que se va a usar para este proceso. También se debe tener en cuenta a través de una estimación de capacidades el nuevo entorno, principalmente en lo referente a capacidad de almacenamiento y comunicaciones.

- **Definición de procedimientos de migración.** Se definen los procedimientos a seguir para la migración y la carga de datos en el nuevo sistema. Los principales procedimientos para la migración y carga de datos son los relacionados con la preparación, realización y verificación del proceso ejecutado. Los procesos relacionados con la preparación son los referentes a control de acceso de información, copias de seguridad, recuperación de información y posibles incidentes durante la conversión de datos. Los relacionados con la realización son: depuración previa de la información, procesos de validación, importación y carga de datos.
- Una vez controlado lo anterior, se lleva a cabo el **proceso de verificar y comprobar** la integridad de los datos resultantes del proceso de conversión.
- **Diseño detallado de módulos y especificación técnica de las pruebas:** detalla el proceso de migración indicando la jerarquía y orden de ejecución. Para cada módulo de ejecución hay que tener en cuenta el modelo físico de los datos del sistema.
- **Planificación de la migración y carga inicial:** completa el plan de migración y carga inicial de los datos.

Para migrar datos entre bases de datos se lleva a cabo una serie de pasos:

- Limpieza de tablas de BBDD.
- Consolidar tablas en BBDD.
- Mapeado de tablas de origen y destino.
- Definir el formato de origen y destino.
- Definición de la codificación de datos.
- Migración de prueba.
- Evaluación y comprobación de los posibles errores en la prueba.
- Depuración de los errores finales.
- Migración final.

Nota

Es recomendable realizar la migración de datos, primero en un entorno de pruebas ya que este proceso es muy delicado.

Actividades

9. Investigue a través de Internet cuáles son los formatos de migración más comunes.
10. Comente las cinco fases que definen el proceso de migración.

6. Resumen

Se ha visto que para poder tener instalados en el mismo disco duro un sistema operativo *Windows* y otro *Linux* primero ha de estar particionado el disco y luego se debe instalar *Windows*, ya que el sistema solo puede albergar un gestor de arranque, y prevalece el del último sistema operativo instalado. El gestor de arranque de *Windows* solo se reconoce a él mismo y no a los demás, por esta razón el último sistema operativo a instalar debe ser *Linux* para que quede instalado su gestor de arranque que sí que reconoce todos los sistemas operativos instalados en el disco duro.

Por otro lado, se ha visto que es conveniente si se tienen los dos sistemas operativos anteriores instalados dejar una partición en común para los dos, para poder acceder a dicha partición y ver los recursos que se tienen desde ambos sistemas operativos.

Es recomendable realizar copias de seguridad cada cierto tiempo para tener la información más valiosa a salvo y poder restaurarla en caso de incidente, además de tomar otras medidas para salvaguardar los datos.

Los usuarios de los distintos sistemas informáticos a nivel empresarial tienen permisos para acceder, modificar y leer determinados recursos de la red, los cuales son administrados por el administrador del sistema. Este se encarga de dar acceso o no a los diferentes recursos para los distintos usuarios.

Para realizar una migración se deben seguir unas pautas, ya que este proceso es delicado y complicado, por esta razón se recomienda realizar la migración primero en un entorno de pruebas.

Ejercicios de repaso y autoevaluación

1. ¿Cuántas particiones primarias y cuántas particiones lógicas puede tener un disco
duro?

_____

_____

_____

_____

2. ¿Qué especificaciones debe tener la partición SWAP de *Linux?*

_____

_____

_____

_____

3. ¿A qué sistemas operativos pertenecen los siguientes gestores de arranque?

    a. Grub.
    b. Bootmgr.
    c. NT Loader.
    d. Lilo.

4. ¿Qué contienen los siguientes directorios?

    a. /boot/.
    b. /dev/.
    c. /tmp/.
    d. /proc/.

5. ¿De qué informa el mapa de red?

_____

_____

6. **Los sistemas de archivo de disco se definen por que...**

   a. ... acceden a los archivos a través de una red.
   b. ... están pensados para el almacenamiento de archivos en una unidad de almacenamiento.
   c. ... no se guardan en el disco duro.
   d. ... tienen una gran capacidad.

7. **Complete el siguiente texto.**

   Para instalar dos sistemas operativos como _____. y *Linux*, el primero en instalarse debe ser _____. para que cuando se instale *Linux* el gestor de arranque que quede sea el de _____. por ser el _____. en ser instalado, ya que el gestor de arranque de Windows solo se detecta _____ como único sistema operativo instalado.

8. **¿El sistema operativo *Linux* podría acceder a un disco con formato NTFS?**

   ❙ Sí, además es recomendable crear una partición NTFS para poder acceder a ella tanto desde *Windows* como desde *Linux*.
   ❙ No, *Linux* solo accede a sistemas de archivos EXT.

9. **Defina los niveles de permisos en *Windows*.**

   a. Control Total.
   b. Modificar.
   c. Leer.
   d. Escribir.

10. **¿Cuál es la combinación de números en octal que asigna todos los permisos tanto de usuario propietario, grupo propietario y resto de usuarios?**

    _____
    _____
    _____
    _____

11. Ordene por orden los pasos a seguir en un proceso de migración de bases de datos.

■ Depuración de los errores finales.
■ Migración de prueba.
■ Definir el formato de origen y destino.
■ Consolidar tablas en BBDD.
■ Limpieza de tablas de BBDD.
■ Mapeado de tablas de origen y destino.
■ Definición de la codificación de datos.
■ Evaluación y comprobación de los posibles errores en la prueba.
■ Migración final.

12. Indique si las siguientes afirmaciones son verdaderas o falsas.

a. El mapa de red muestra el *router* del sistema.

☐ Verdadera
☐ Falsa

b. La codificación no es importante a la hora de migrar una base de datos.

☐ Verdadera
☐ Falsa

c. Un usuario normal de *Windows* puede asignar permisos de usuarios.

☐ Verdadera
☐ Falsa

d. El gestor de arranque Grub reconoce a *Windows* aunque pertenezca a otro sistema operativo.

☐ Verdadera
☐ Falsa

13. ¿Cuántos tipos de copia de seguridad existen? Defínalos.

    a. Copia completa.
    b. Copia incremental.
    c. Copia diferencial.

14. ¿Qué significa el primer carácter que hay en la línea de permisos, por ejemplo drwxr-xr-x? ¿Qué caracteres se podrían encontrar?

15. ¿Qué dos carpetas excluye *Linux* de la copia de seguridad por defecto?

Bibliografía

Monografías

▌KORTH, F. H. y SILBERSCHAFT, A.: *Fundamentos de bases de datos*. Madrid: Mc-Graw Hill, 2014.

▌MUÑOZ López, F. J.: *Sistemas Informáticos Multiusuario y en red*. Madrid: McGraw Hill, 2006.

▌RUIZ Faudón, L. M.: *Introducción a los sistemas de bases de datos*. Madrid: Pearson Educación, 2001.

Legislación

▌Ley Orgánica 3/2018, de 5 de diciembre, de Protección de Datos Personales y garantía de los derechos digitales.

▌Normas EIA/TIA estándar de cableado estructurado.

Textos electrónicos, bases de datos y programas informáticos

▌Soporte Microsoft, de: <http://support.microsoft.com>.

▌Sistemas GNU/Linux, de: <http://www.tldp.org>.

▌Seguridad informática, de: <http://www.microsoft.com>.

▌Ley Protección de Datos, de: <http://leyesytecnologia.com>.

▌Guía de uso, de: <http://www.inteco.es>.